银行贷后检查要点培训

（第二版）

立金银行培训中心　著

中国金融出版社

责任编辑：张清民
责任校对：潘　洁
责任印制：陈晓川

图书在版编目（CIP）数据

银行贷后检查要点培训/立金银行培训中心著. —2 版 . —北京：中国金融出版社，2021. 5
ISBN 978 –7 –5220 –1168 –4

Ⅰ. ①银…　Ⅱ. ①立…　Ⅲ. ①银行业务—信贷业务—岗位培训—教材　Ⅳ. ①F830. 5

中国版本图书馆 CIP 数据核字（2021）第 098758 号

银行贷后检查要点培训（第二版）
YINHANG DAIHOU JIANCHA YAODIAN PEIXUN（DI –ER BAN）
出版发行　中国金融出版社
社址　北京市丰台区益泽路 2 号
市场开发部　（010）66024766，63805472，63439533（传真）
网 上 书 店　www. cfph. cn
（010）66024766，63372837（传真）
读者服务部　（010）66070833，62568380
邮编　100071
经销　新华书店
印刷　北京市松源印刷有限公司
尺寸　169 毫米 ×239 毫米
印张　16. 75
字数　264 千
版次　2015 年 1 月第 1 版　2021 年 6 月第 2 版
印次　2021 年 6 月第 1 次印刷
定价　48. 00 元
ISBN 978 –7 –5220 –1168 –4

前　　言

三分功夫在贷前，七分功夫在贷后，才可以确保信贷安全。

做一位认真尽职的银行信贷人员

立金银行培训中心一直不断努力地为银行培训信贷业务。信贷业务是金融的“牛鼻子”，容不得任何闪失。

一、贷前——尽可能地选择优秀的企业

我们要选择优秀的企业。优秀的企业不是规模大，而是有成熟的商业模式，成熟的现金管理，企业本身经营得法，能够为社会创造商业价值。选择好的企业，就首先控制了信贷风险。

二、贷中——学会牢牢控制企业

做信贷业务强调必须获得绝对主动权，借款人（借款企业）必须对银行透明，银行实实在在能够掌控企业，企业按照银行的规定规规矩矩使用资金。

三、贷后——关注企业的现金流

所有不以控制现金流为目的的贷后管理都是掩耳盗铃。

“三分贷七分管”的理念，在授信的同时，会与企业进行全方位的合作，提供综合经营解决方案，时时关注企业的现金流、还款源。

风控的核心是银行信贷人员掌握的风险抓手是否可以让借款企业产生危机感，只有恐惧、害怕危机，借款企业才会真正诚信。

操作信贷业务，要仔细地“度量”客户的需求和能力。“度量”客户的需求要全面，要确保这笔贷款能合理地满足客户需要；“度量”客户的能力要多做压力测试，要确保企业能够偿还得了这笔贷款，不出风险。

立金银行培训中心

目　录

第一篇

信贷业务的培训要点

第一课　积极授信后管理要点

积极授信后主要有以下几个管理要点：

1. 贷前通盘考虑贷后。良好的贷前风控设计方案，将确保贷后管理压力大幅降低。只有贷前风控设计方案合理，客户才能给予积极配合。信贷客户经理不要着急申报授信，而应当先对贷前风控设计方案来回打磨。贷后重要的是校验贷前风控设计方案是否得到严格执行。

2. 贷后交叉销售。重视客户的风险防范，通过授信后深度营销，加深对客户的了解，为客户提供“量体裁衣”式的多产品组合方案，既包括合规性检查、风险预警、风险分类等侧重风险防范的内容，也包括客户经营分析、融资需求分析、产品组合设计等深化客户关系的方案。不断深化与客户的合作关系。通过巩固与客户的合作关系，支持企业发展来最终控制银行的授信风险。

3. 贷后维护客户。授信后应着眼于客户关系，不再局限于单笔授信的发放与收回。放眼客户关系的整个存续期，是一个循环往复的持续性过程。银行动态评价信贷资金支持企业的效果，评估银企彼此的贡献平衡，动态调整信贷资源供给。

4. 贷后决定信贷资金动向。对信贷资金使用效果评估：一是对信贷资金带来的贷款利息收入等方面进行评估，测评信贷资金使用对银行的回报效果；二是看信贷资金是否正确使用到商业生产中，以及项目的经营效益，如果没有良好的经济效益，企业很难偿还贷款。

从我们在商业银行工作 10 多年的经验来看，银行和企业必须勤走动，银行随时能够盯住企业的经营情况，盯住经营现金流。控制借款人的信用风险，关键靠控制现金流。

【案例解析】

××保理公司操作保理业务已经有 1 年的时间，保理业务量已高达 120 亿元，小贷业务也有 10 多亿元，没有任何的坏账。

风险控制核心：××公司控制了供应商的现金流资金源头，对于保理公司贷款，应确保供应商在××公司有足够的应收账款。

小贷公司贷款，供应商必须在××公司有足够的货物，并且××公司有足够的把握将这些货物全部卖掉。

逻辑：电商从事金融信贷业务，最关键的是电商牢牢掌控了中小企业的资金流和物流，这是银行根本无法与其匹敌的。××公司的基本逻辑是，相信自己，由于××公司有物流配送和仓储体系，对各类数码、食品、图书、服装等贸易商的销售数据和货物可以牢牢控制，提供融资的核心依据是自己直接控制物流和资金流，通过数据筛选，找到最合适的供应商提供支持。

【口诀】

贷后管理要积极，授信设计要把控，
随时盯住现金流，时常走动看得紧。

【小知识】

银行为了控制风险，可以在贷款合同中加入交叉违约条款。

借款人在其他银行的如下事项，构成交叉违约条款，银行有权宣布本次授信立即到期，要求借款人立即筹措资金归还，银行可以启动担保或抵押的追偿。

1. 贷款或银行承兑汇票、国内信用证、银行保函、保理等违约；
2. 发行的短期融资券、中期票据、私募债等违约。

第二课　银行可以重点识别的借款企业预警信号

一、常规预警信号的主要表现

1. 借款人所属行业出现重大不利因素，比如行业衰退或主要材料稀缺导致价格上涨。例如，煤炭、钢铁、冶炼、有色金属行业出现行业衰退，在这个行业出现大量的信贷风险。

当行业出现严重衰退，这个行业中即便有极强股东实力背景的企业也难以避免现金严重流出，偿债能力下降。而股东实力偏弱，没有行政部门依托的企业，一定会导致资金资源加速枯竭。

2. 国家货币、税收、法律、进出口贸易等政策发生对企业不利的变化，经济或市场状况不稳定、借款人从事的行业不景气。

【分析】

国家宏观政策经常可以决定特定行业中小企业的生死。国家收紧信贷规模，中小钢铁、制造、煤炭、能源等制造类企业会首当其冲受到影响。国家提高环保门槛，会大幅提升中小企业成本，比如中小有色金属企业、中小钢厂甚至有关门的情况发生。

3. 国家继续治理高耗能、高排放行业。工业和信息化部发布的工业行业淘汰落后和过剩产能企业名单，涉及炼钢、铁合金、铜冶炼、水泥、平板玻璃、造纸、制革、印染、铅蓄电池、稀土 10 个产业。工信部连续公布淘汰落后和过剩产能企业名单，这是化解产能过剩的重要举措。当前，我国部分行业供过于求的矛盾日益凸显，传统制造业产能普遍过剩，特别是对于高消耗、高排放行业，这种状况尤为突出，产能利用率均在 75% 以下，明显低于正常水平。这些行业产能盲目扩张，不仅带来产能严重过剩，造成社会资源的严重浪费，还导致能源、资源消耗大幅增加，污染物排放增长过快，引发不少地区雾霾频发等环境问题。

【分析】

中国很多企业都处于“僵尸”状态，但它们占用了大量的信贷资金。当经济下行之际，“僵尸”企业无可避免地暴露出来。“僵尸”企业的成本，既包括进入无底洞的信贷资源的沉没成本，也包括信贷资金不能发挥最大效用的机会成本。

二、个案预警信号的主要表现

1. 公司治理方面。

（1）被吊销（或停止使用）机构信用代码证、法人营业执照、专营权、主导产品生产许可证，或涉及偷税、逃税、骗税等违法经营行为，被勒令停产整顿，被查封、冻结资产，或未参加工商年检被有关职能部门查处。

（2）客户被有关监管机构列入“黑名单”或取消其相关资格。

（3）涉及重大法律诉讼、仲裁或重大经济纠纷。

（4）企业核心管理人员、董事会成员频繁变动、失踪或出现违法行为被处罚或被拘审、“双规”或监视居住。

（5）借款人组织形式发生不利于银行授信安全的重大变化，包括资产委托经营、承包、兼并、被收购、公司分立、资产重组等重大改制。

（6）经营策略重大调整，致使公司收入来源大幅下滑，比如兼营不熟悉的业务或在不熟悉的地区开展业务。

（7）借款人的主要股东、关联企业或母子公司等发生了重大的不利变化。

（8）公司经常拖欠工资、大规模裁员或大批人员离职、员工士气低落，引起社会关注。

2. 银企关系及履约能力方面。

（1）不按贷款合同规定的贷款用途使用贷款，逃避银行监督，将贷款挪作不正当用途，尤其是挪用贷款炒作股票或房地产；信贷资金被挪用，将银行原本的信贷决策前提全部推翻，将银行推到一个极为危险的境地。

（2）挪用信贷资金属于极为严重的风险信号，必须加强防范。防范信贷资金被挪用主要有以下要点：一是严格授信管理，核实客户信贷资金用途，从源头上防范资金挪用风险。客户经理要尽职调查，真实反映客户信贷资金用途，防止客户虚构交易事实，套取银行信贷资金。风险经理要严格审查，全面揭示资金可能被挪用的风险点，提出风险防范建议，并在授信批复中提出切实可行的管理要求。二是落实用信条件，保证信贷资金适度合理投放。三是加强日常账户资金监测。

【监管处罚】

监管处罚一　中国银监会××监管局行政处罚信息公开表（××银监罚决字〔20××〕×号）

（××银行××支行）

<table>
<tr><td colspan="3">行政处罚决定书文号</td><td>××银监罚决字〔20××〕×号</td></tr>
<tr><td rowspan="3">被处罚当事人姓名或名称</td><td colspan="2">个人姓名</td><td></td></tr>
<tr><td rowspan="2">单位</td><td>名称</td><td>××银行××支行</td></tr>
<tr><td>法定代表人（主要负责人）姓名</td><td>高××</td></tr>
<tr><td colspan="3">主要违法违规事实（案由）</td><td>未对关联企业实施统一授信，且信贷资金被挪用并形成不良</td></tr>
<tr><td colspan="3">行政处罚依据</td><td>《中华人民共和国银行业监督管理法》第二十一条，《商业银行法》第三十五条，《商业银行集团客户授信业务风险管理指引》第六条，《流动资金贷款管理暂行办法》第九条，《中华人民共和国银行业监督管理法》第四十六条</td></tr>
<tr><td colspan="3">行政处罚决定</td><td>罚款20万元</td></tr>
<tr><td colspan="3">作出处罚决定的机关名称</td><td>××银监局</td></tr>
<tr><td colspan="3">作出处罚决定的日期</td><td>20××年××月××日</td></tr>
</table>

监管处罚二　××银监局行政处罚信息公开表

（中国××银行三亚市分行）

<table>
<tr><td colspan="3">行政处罚决定书文号</td><td>××银监罚决字〔20××〕×号</td></tr>
<tr><td rowspan="3">被处罚当事人姓名或名称</td><td colspan="2">个人姓名</td><td>×××</td></tr>
<tr><td rowspan="2">单位</td><td>名称</td><td>中国××银行三亚市分行</td></tr>
<tr><td>法定代表人（主要负责人）姓名</td><td>×××</td></tr>
<tr><td colspan="3">主要违法违规事实（案由）</td><td>当事人存在未按合同约定用途检查、监督信贷资金使用情况，信贷资金被挪用的违法违规行为，违反了《流动资金贷款管理暂行办法》第九条第二款的规定</td></tr>
</table>

续表

行政处罚依据	《流动资金贷款管理暂行办法》第三十九条第七款和《中华人民共和国银行业监督管理法》第四十六条第五款规定
行政处罚决定	给予当事人20万元的行政处罚
作出行政处罚决定的机关名称	中国银行业监督管理委员会××监管局
作出处罚决定的日期	20××年××月××日

【企业风险信号】

(1) 企业非临时性欠息、逾期、出现垫款。

(2) 擅自处理抵（质）押物等原因致使抵（质）押率上升。

(3) 抵（质）押物严重贬值、损毁，导致担保类型改变。

(4) 采取违规、非法或其他弄虚作假等手段骗取银行贷款。

(5) 对银行的态度有所转变，还款意愿差，出现不合作的态度，比如不按时提供资料或提供虚假资料等。

(6) 其他金融机构，特别是曾提供较大授信额度、历史较长的大型银行、本地银行突然退出。大型银行往往有极强的政策敏感性，中小型银行应当高度盯住本地大型银行的举措。

(7) 外部机构下调借款人的信用评级。信用评级是大型企业非常看重的指标，往往信用评级意味着企业的发债成本的高低以及发债的容易程度，大型企业非常注意维护自己的信用评级。

(8) 银行业务结算骤降。原本在贷款银行的结算流水正常，但是如在一段时间内，结算流水大幅下滑，结算流水失常往往是重大的风险信号。

(9) 借款人的借款大量增加，与其业务规模不成比例。

3. 公司运营方面。

(1) 信贷业务用于建设的项目被取消或停建、缓建，或者项目的建设条件、技术条件、产品市场发生不利于债务偿还的重大变化，比如出现工期延长、投资超预算、资金缺口难以落实等情况。

(2) 遭受重大灾害等原因不能获得赔偿导致重大损失。通常都是水产品、粮食种植、牲畜饲养等农业领域会出现类似风险。

(3) 对外提供大额的担保被索偿或大量资产被抵押，接近或超过自身的承受能力。在民营企业中，经常出现过度对外提供的担保超过自身能力边界的情况。

（4）主要客户、不可替代的关键原材料供应商和主要产品销售商丢失；代理经营权、特许经营权丧失；汽车经销商丧失品牌经销商资格。

（5）保证人出现重大风险事件导致保证能力下降。

（6）产品严重积压滞销；存货过于陈旧；超过正常生产需要的投机性地购买存货；存货的结构不合理。这在电子产品、工业制造企业、汽车制造领域经常出现，产品更新迭代较快。

（7）企业出售、变卖主要的生产经营性固定资产。

（8）股票价格相对于市场发生重大变化，被ST/PT或被证券管理机构发布不利的预警信息。

（9）长期严重亏损，半停产。

4. 财务指标方面。

（1）借款人制作虚假报表，或被审计机构出具保留性意见。

（2）大额资金被关联方占用。

（3）净现金流量出现负值或经营性现金流入大量减少。

（4）债务结构出现大幅变化，对银行或关联企业的负债出现大量增长。

（5）出现亏损或亏损额呈逐步增加的趋势。

（6）坏账损失大量增加。

（7）应收账款周转天数明显上升或应收账款数额急剧增加。

（8）存货周转天数明显上升或负债率大幅上升。

（9）保证人的财务状况出现严重问题。

【点评】

中国大部分工业企业经营失败最重要的风险都是“两金拖欠”，库存和应收账款占用过多的资金，导致企业经营“失血”过多，最终，企业经营失败。

三、违约级预警信号

1. 债务人财务状况恶化。

2. 债务人被列为破产企业或类似状态。列为破产企业或类似状态包括：资不抵债、企业停产、经营停止，名存实亡；准备申请破产或清盘。

3. 债务人申请破产，或者已经破产，或者处于类似保护状态，由此将不履行或延期履行偿付商业银行债务。

4. 在其他银行出现不良资产或逾期90天以上的债务。

5. 客户的关联企业信用状况出现严重问题，且其影响足以导致客户可能无法足额偿还银行债务。

一旦借款人出现风险信号，对出现预警信号采取的措施：

1. 要求采取额度控制措施，比如冻结未用额度。

2. 要求调整客户的信用评级。

3. 建议提前收回贷款。

4. 建议处置抵（质）押品。

5. 要求冻结借款人在银行开立的存款账户，只入不出，扣款归还本息。

6. 建议根据合同向保证人追索，要求其代偿借款人应付的本息。

7. 建议资产保全人员介入对贷款进行救治等。

8. 建议加强担保，比如更换保证人，提供更多的抵（质）押品等。

9. 要求提前进行信贷重检。

10. 建议变更授信条件。

11. 建议提前对贷款风险分类进行重新评估，降低五级分类。

12. 建议或要求暂停新增授信。

13. 要求对于该客户予以特别关注，加强监控力度。

第三课　全面信贷后检查要点

一、借款人检查要点

1. 行业分析（分析行业景气度）。主要分析借款人所在行业的变化情况，特别是借款人所在子行业的发展情况，重点分析借款人所在子行业的变化情况。

2. 财务分析（分析财务指标是否正常）。根据最新财务报表，分析借款人在检查期内的财务变化情况，通过财务数据分析掌握企业基本经营状况及变化情况。财务指标就如同一个人的体检指标，当体检指标出现异常，必须非常小心注意，及时处置。

3. 经营分析。通过现场检查或访谈经营负责人等方式，掌握企业的经营状况及变化情况，重点了解生产、销售、固定资产投入、对外投资等多方面的情况，并深入分析对企业经营可能产生的影响。了解企业经营状况，必须经常到企业现场，多与基层职工交谈，多跟企业的同行打听，多向企业的供应商、经销商了解情况，这些情况往往是最真实的，比企业负责人的解释要可靠得多。

4. 预警信号分析。分析的内容包括预警原因、事件进展、影响程度及化解措施等。

5. 非财务因素分析。分析的内容包括不局限于企业有无大额未决诉讼、有无参与期货及股票炒作、企业法人有无不良嗜好等。企业有重大诉讼，属于非常危险的信号，务必要回避；参与期货股票炒作的企业，必须回避；企业法人经常参与娱乐、赌博的必须回避。

做贷后检查，应当自上而下。首先看行业有没有出现衰退的迹象；然后看企业经营有没有出现恶化的状况。

二、批复落实情况检查要点

检查授信启用后需继续落实的授信批复条件。

必须牢牢依据授信批复来检查授信企业是否按照批复来启用授信额度，是否按照授信批复的前置条件一一落实。

“嫌货才是买货人”——只有真正有信贷需求并考虑未来还款的客户才会对贷款条件、还款方式、合同条款等重视和挑剔，这些客户往往会在贷款金额、期限、利率、还款方式等方面与信贷机构反复磋商。

客户的“挑剔”和“计较”从侧面反映了这个客户是具有真实的借款需求并且打算未来按时还款的客户。这类客户前期可能会麻烦一点，但其贷款相对是安全的，因为他们在借款时就已经在考虑如何按期还款。

【落实授信批复的教训案例】

某银行曾经给北京一家钢贸企业提供2000万元的授信额度，授信批复要求这家钢贸企业在开立银行承兑汇票后3个月内，日均结算流水必须达到授信金额的50%，而授信后这家钢贸企业结算流水始终只有10%左右。

该银行非常担心这个客户会有风险，再三向客户经理提示，而支行行长和客户经理都置若罔闻，最后由这个客户垫款。这个教训非常深刻，银行提供给客户授信额度了，如果客户在用信期间，与银行根本没有任何的联络，那该客户危险非常大，尤其是没有实际大型资产的贸易商。在银行授信风险中，第一位的风险就是借款人失联，一旦失联，基本就等于贷款出事了。

客户经理贷后管理的职责好比看护苹果，当苹果有一个虫眼时，就要及时发现和报告，赶紧处理。不能等到苹果已经烂掉一大半时，才发现，才去处理，那时为时已晚。概括起来说就是：

所有信贷都必须“早发现、早行动、早化解。”

【案例】

×××退市倒计时

×××公司发布的一则贷款逾期公告称，由于航运市场持续低迷，公司严重亏损，资金极度紧张，公司已到期的银行贷款本金和利息未能如期偿付。

3家银行最早选择了诉诸公堂，其于20××年4月上旬向××海事法院提出诉前财产保全申请，要求冻结×××公司的银行存款，或查封、扣押其等值财产，涉及金额11.40亿元。经法院裁定，×××公司偿还银行贷款本金11.03亿元和利息1879.86万元。

之后更多银行展开了连环追债。银行系金融租赁公司也纷纷解除与×××公司及其控股子公司×××的融资租赁协议。

20××年下半年×××公司贱价出售36船舶为生，以偿还上述金融机构债务。

×××公司于20××年7月10日接到的两份函件打破了这种僵局。债权人××××船舶燃物供应有限公司和××××节能产品有限公司以×××公司不能清偿到期债务，并且资产不足以清偿全部债务为由，向××市中级人民法院提出对公司进行破产重整的申请，并通过重整程序清偿。

该申请最终于20××年11月26日为××市中级人民法院裁定受理，并于同日指定×××公司清算组担任公司管理人。

20××年11月28日，×××公司开始公开进行债权申报和债权人会议等相关事项。

管理人出具的重整草案显示，在法院确定的债权申报期内，有144家债权人向管理人申报债权总额为81.85亿元，经管理人审查后，有8家债权人申报的共计201万元债权，不予确认；另有4家债权人申报的共计8.97亿元债权因诉讼未决仍待审查，最终初步确定的债权总额为46.99亿元，预计负债12.04亿元。

确认46.99亿元债权，包括财产担保债权1.15亿元，共计1家债权人，以现金全额清偿；税款债权959.64亿元，共计1家债权人，以现金清偿；职工债权1.19亿元，共计1家债权人，已由××集团全额垫付；普通债权45.74亿元，共计132家债权人，以债权人为单位，20万元以下（含20万元）的债权部分将获得全额现金清偿；超过20万元的债权部分，每100元普通债权将分得约4.6股×××股票（共计转增3.37亿股），每股按2.53元/股计算，该部分普通债权清偿比例约为11.64%，几乎相当于债务减记88.36%。

以债权人××××节能产品有限公司为例，其审查确认的债权金额为154万元，扣除20万元全额现金清偿后，剩余的134万元仅清偿15.6万元，且分得的不是现金，而是价值15.6万元的×××公司股票。

×××公司重整案债权表显示，4家金融租赁公司及6家银行共申报债权33.78亿元，经审查初步确认金额28.29亿元。各家除获得20万元现金清偿外，按照重整草案规定普通债权约11.64%的清偿比例计算，10家银行及金融租赁公司仅获清偿价值3.2亿元的×××公司股票，损失将近25亿元（24.98亿元）。

【口诀】

行业景气最重要，一旦下滑必须盯，
风险信号不犹豫，立即追索早动手。

很多银行喜欢为央企提供大额贷款，其实，选择借款人不是简简单单地看企业的出身，很多出身很好的企业，在没有任何担保的情况下，银行提供了融资支持，结果给银行造成重大损失。

第四课　银行对担保企业检查要点

一、对保证人和抵（质）押品分析

1. 对保证人的行业情况、经营管理情况、财务情况进行分析，判断保证人是否具有担保能力，能否在第一还款来源违约的情况下及时偿还银行贷款，识别第二还款来源的风险点。担保人对借款人有足够的影响力和控制力，否则担保效力较差。

2. 抵（质）押品检查。进一步确认银行对抵（质）押物的法律效力和控制能力；检查抵（质）押物价值是否发生贬值或变现能力下降导致抵偿能力不足；分析抵（质）押物变现的难易程度，判断抵（质）押担保对银行债权的保障程度。抵（质）押物必须对借款人的生产经营影响较大，才属于合格的抵押物。

3. 检查抵（质）押物出租情况。抵（质）押期间，抵（质）押人拟出租抵（质）押物或变更租赁合同的，须申请银行同意。经银行同意，抵（质）押人出租抵（质）押物或变更租赁合同的，原则上银行应与出租人（即抵（质）押人）、承租人签订协议，确保银行行使抵（质）押权时不受租赁行为的影响。如借款人以自有财产提供抵（质）押担保的，除签订上述协议外，银行原则上还应与借款人（即出租人）签订收取租金的权利抵（质）押合同，租金优先清偿银行债权。所有承租人必须同银行签订租金监管协议，承诺将租金纳入银行监管体系。

4. 对担保人实际控制人的品行进行调查。必须找到品行良好的担保人，珍视银行的信誉。担保人最好属于为诚信、不爱好虚名，实实在在经营企业的人。

【信贷四个合理】

贷款用途合理，可以控制风险；还款来源合理，还款来源必须确定，可以精确计算；担保合理，必须提供一定的抵（质）押和担保，约束借款人的履约意愿；价格合理，提供信贷，仅需要合理的价格回报，不贪图过高的价格，如果价格过高，意味着会牺牲前三项。

不要在抵（质）押物的折扣率上过多在意，应多关注的是企业承诺的还款来源，银行是做金融信贷业务的，不是当铺。

二、对担保方的检查要点

对担保方发生重大变化或出现问题而影响企业还款能力的情况，应加以评估并提出解决方案。

客户经理一定要具备破除对抵（质）押物崇拜的思维，相对于担保方式，客户经理应将关注重心放在企业自身的经营状况以及持续发展能力上，重点关注借款人的第一还款来源和现金流，尤其是小微企业贷款。

授信方案设计关键是资金流衔接，担保方式能控制住对方的行为底线，如此则这个授信基本可行。

商业银行不要一味地埋怨客户诚信度差，不是客户的诚信度差，而是商业银行不够精明，只知道抵（质）押和担保，而不知道首先应了解和研究企业的商业模式和信贷资金撬动商业杠杆的价值。

【案例】

一旦借款企业违约，银行要立即起诉担保人，不要有任何的犹豫。

在××地区，一家耐火材料企业的借款，由另一家铝制品企业提供担保，在耐火材料企业借款违约后，银行立即起诉铝制品企业，铝制品企业担心被起诉后影响自己在银行的信用，及时清偿了银行贷款。

从银行的角度看，最合理的做法是及时处置，不要有任何的犹豫，而企业在了解银行的态度后，给予积极配合。

【口诀】

担保检查要注意，担保优于借款人，
担保本行做结算，出现风险立即追。

担保人的实力必须优于借款人，这才具备担保的本质，如果担保人本身就比借款人实力弱，或两者是关联企业，担保效力就会大打折扣。

【小知识】

银行如何选择担保公司？

一是严格担保公司合作准入。担保公司准入审查的重点包括担保公司的资本金、经营年限以及股东背景等情况。资本金是担保公司实力的体现，从一些出现风险的担保公司案例分析可知，无不存在担保公司虚假注资、抽逃资本金的行为。担保公司经营年限是担保公司综合实力和持续经营能力的直观体现，原则上担保机构应具有3年以上持续经营的历史。尽可能选择独立运作的担保机构，适当向行政部门出资的担保机构倾斜，择优支持公司治理机制完善、经营稳健的民营资本控股的担保机构。

二是加强对担保公司担保业务的审查。应注重对担保公司开展担保业务的限额管理。银行可以将担保公司的资本金、经营年限、股东背景、市场竞争力、风险管理等要素按照一定的标准科学地建立担保机构的评价打分卡，根据打分卡初步确定其放大倍数。在经济下行状况下，为有效分散风险，应从严控制担保放大倍数，且实收资本应剔除不易变现的实物出资或不合理占用的“无效”资产。对部分民营担保公司，还可以要求其自然人股东提供为担保公司承担连带保证责任的书面承诺，或者要求担保公司按照担保限额的一定比例提供资产抵押，以抑制担保公司在经济下行时期的业务冲动，促使其办理业务更加谨慎和理性。

三是强化对担保公司风险保证金的管理。银行与担保公司合作开展担保业务，担保公司存入的保证金是担保贷款出现风险时重要的备偿准备，经济不景气时更应加强对担保保证金的控制和管理。担保保证金可以划分为两部分：一部分是根据核定的担保公司担保限额的一定比例；另一部分是担保公司按照实际发生的担保业务逐笔存入的业务保证金。两部分相加保证金比例应高于10%，这一比例可以根据区域经济环境和同业竞争状况随时调整。

第五课　贷款用途检查要点

应进行贷款资金支用监督，确保借款人按资金支付计划或借款合同约定的用途使用贷款资金。自贷款资金转入借款人在银行开立的存款账户或其他监管账户之日起，经办行必须对借款人支用贷款资金实施有效的监督。

借款人必须按以下原则使用贷款：

1. 按资金支付计划或借款合同约定用途使用贷款资金。银行应当检查企业的付款凭证，看看划款用途与承诺是否一致。

2. 不得将银行流动资金贷款用于固定资产投资、股本权益性投资及其他非借款合同约定用途。短借长用看似降低了成本，但是隐藏了巨大的资金流动性风险。

3. 在贷款资金支用完毕前，借款人愿意接受银行对其存款账户（银行贷款转入的账户）或其他监管账户的资金支用进行有效的监督。

（1）重点防范信贷资金挪用，检查贷款资金流向是否合理、合规。贷款资金不得用于股本权益性投资及股票、期货、金融衍生产品等投资。应检查资金有无以非市场公允行为流向客户的重要关系人的行为。

（2）贷款资金采用借款人自主支付的，应定期（至少每 3 个月）检查借款人的贷款资金支付计划和支付的相关材料是否符合约定用途，资金支付是否按计划发放至相应的账户，定期录入提款记录，收集有关的凭证并归档。

（3）单笔金额超过总投资的 5% 或超过 500 万元贷款资金采用受托支付的，应检查交易合同等与支付相关的交易背景资料及放款部门审核的材料（包括信贷业务通知书、贷款受托支付通知书等），并定期录入提款记录，收集有关的凭证并归档。

（4）贷款资金是否按照建设进度逐步使用，应定期进行现场检查，了解项目进度并检查已投放的贷款资金是否与建设进展相匹配。

【监管处罚】

监管处罚一　中国银监会××监管分局行政处罚信息公开表
（××银监处罚〔20××〕×号）

（中国××银行股份有限公司××支行）

<table>
<tr><td colspan="3">行政处罚决定书文号</td><td>××银监处罚〔20××〕×号</td></tr>
<tr><td rowspan="3">被处罚当事人姓名或名称</td><td colspan="2">个人姓名</td><td></td></tr>
<tr><td rowspan="2">单位</td><td>名称</td><td>中国××银行股份有限公司××支行</td></tr>
<tr><td>法定代表人（主要负责人）姓名</td><td>×××</td></tr>
<tr><td colspan="3">主要违法违规事实（案由）</td><td>未严格调查审核借款人提供的身份证明及交易证明等材料的真实性，未采取有效方式监控贷款资金用途</td></tr>
<tr><td colspan="3">行政处罚依据</td><td>《个人贷款管理暂行办法》第十三条、第三十五条、第四十二条，《中华人民共和国银行业监督管理法》第四十六条，《中国银行业监督管理委员会行政处罚办法》第十五条</td></tr>
<tr><td colspan="3">行政处罚决定</td><td>罚款 15 万元</td></tr>
<tr><td colspan="3">作出处罚决定的机关名称</td><td>中国银监会××监管分局</td></tr>
<tr><td colspan="3">作出处罚决定的日期</td><td>20××年××月××日</td></tr>
</table>

监管处罚二　中国银监会××监管分局行政处罚信息公开表
（××银监处罚〔20××〕×号）

（×××商业银行股份有限公司××支行）

<table>
<tr><td colspan="3">行政处罚决定书文号</td><td>××银监处罚〔20××〕×号</td></tr>
<tr><td rowspan="3">被处罚当事人姓名或名称</td><td colspan="2">个人姓名</td><td>×××</td></tr>
<tr><td rowspan="2">单位</td><td>名称</td><td>×××商业银行股份有限公司××支行</td></tr>
<tr><td>法定代表人（主要负责人）姓名</td><td>×××</td></tr>
</table>

续表

主要违法违规事实（案由）	贷款实际用途与合同约定用途不相符，部分贷款资金流入证券市场购买股票
行政处罚依据	《个人贷款管理暂行办法》第十三条、第三十五条、第四十二条，《中华人民共和国银行业监督管理法》第四十六条，《中国银行业监督管理委员会行政处罚办法》第十五条
行政处罚决定	罚款10万元
作出处罚决定的机关名称	中国银监会××监管分局
作出处罚决定的日期	20××年××月××日

【案例】

广州的一家银行曾经给一家钢贸企业发放贷款，约定贷款用途为采购钢材，授信批复严格要求：必须由银行监控将贷款受托支付给钢厂。

结果，这家钢贸企业却通过银行客户经理，违约将贷款转移给关联公司，进入了餐饮行业，最终给银行造成了巨大的风险。

【客户经理建议】

贷前问用途，贷后问效果，要做个有心的客户经理。在申报信贷项目前，要仔细甄别企业的借款用途，看用途是否合理；在办理信贷项目后，要看企业使用信贷资金后的经营效果，对企业使用信贷资金的效果进行评价，扎扎实实地控制风险。

【口诀】

用途控制最重要，用途必须有效益，
严防挪用去炒股，贷前认真看申请。

第六课　流动资金贷后检查要点

一、产品定义

流动资金贷款是指贷款人向企（事）业法人或国家规定可以作为借款人的其他组织发放的用于日常生产经营的本外币贷款。

【政策依据】

其依据为《流动资金贷款管理暂行办法》和《中华人民共和国银行业监督管理法》。

二、检查要点

1. 结合借款人的财务状况、同业授信等情况分析借款人偿债能力及资信状况，主要检查内容包括授信时会评估贷款期限与生产经营周期及资金周转周期的匹配度，目前以短期授信为主且与资金周转期限相匹配。

2. 检查还款来源是否充足，贷款金额与借款人的主营业务收入、经营活动现金流量是否匹配，是否具有偿付贷款本息的能力。如企业的主业有极为健康、稳健的经营现金流，而且经营净现金流为正，才可以更好地获得融资性的现金流。

3. 检查贷款金额、期限与借款人的生产经营实际需求、生产周期是否匹配。

（1）分析借款人的整体债务负担情况及对外担保情况，是否控制在合理范围内。

（2）了解借款人是否信誉良好，了解借款人在其他银行的授信情况，分析借款人是否有继续融资的空间。

4. 结合授信用途检查要点，检查贷款是否存在被挪用的风险。主要检查内容如下：

（1）检查流动资金贷款是否按约定用途使用，是否监督使用流动资金贷款。流动资金贷款必须按照协议约定使用，绝对不可以挪用。

（2）检查流动资金贷款是否用于固定资产投资、股本权益性投资、有价证券、期货和房地产、相互借贷牟取非法收入及其他不符合流动资金贷款用途的活动。

（3）检查借款人应收账款、预付账款和其他应收账款明细账户中是否有投资者，是否金额较大、账龄较长，有无大股东占款、实收资本被抽逃等情况。要防止借款人的股东抽逃资金，将债权银行陷入危险的境地。

（4）检查借款人固定资产等长期资产是否增长过快，并结合“长期资产适合率”等财务指标分析借款人是否存在“短贷长用”的问题。

（5）贷款人采取受托支付或借款人自主支付的，检查借款人提供的相应商务合同等证明材料是否与支付申请所列信息相符，是否与公司经营范围及企业经营情况和资金周转等实际情况相符。

（6）检查借款人是否按约定开立指定资金回笼账户或其他资金账户，并对账户进行监控，重点关注借款人账户现金流的异常变化。

5. 结合授信批复和相关流动资金管理办法，检查贷款手续，主要检查内容如下：

（1）检查与借款人签订的借款合同是否明确约定具体的贷款要素，重点检查合同要素是否齐全，授信批复要求的其他条件是否落实等。

（2）检查是否在借款合同中明确约定了贷款资金的支付方式、支付工具以及贷款资金支付限制、禁止行为的约定。

三、特别关注

商业银行对房地产开发企业申请的贷款，只能通过房地产开发贷款科目发放，严禁以房地产开发流动资金贷款及其他形式贷款科目发放。

【监管处罚】

监管处罚一　中国银监会××监管分局行政处罚信息公开表（××银监处罚〔20××〕×号）

（××银行股份有限公司××县支行）

<table>
<tr><td colspan="3">行政处罚决定书文号</td><td>××银监处罚〔20××〕×号</td></tr>
<tr><td rowspan="3">被处罚当事人姓名或名称</td><td colspan="2">个人姓名</td><td></td></tr>
<tr><td rowspan="2">单位</td><td>名称</td><td>××银行股份有限公司××县支行</td></tr>
<tr><td>法定代表人（主要负责人）姓名</td><td>×××</td></tr>
<tr><td colspan="3">主要违法违规事实（案由）</td><td>违反审慎经营规则，未采取有效措施监控贷款资金用途，受托支付流于形式，部分贷款资金被挪用于购买理财等产品</td></tr>
<tr><td colspan="3">行政处罚依据</td><td>《流动资金贷款管理暂行办法》第九条、第三十九条，《个人贷款管理暂行办法》第三十五条、第四十二条，《中华人民共和国银行业监督管理法》第四十六条，《中国银行业监督管理委员会行政处罚办法》第十五条</td></tr>
<tr><td colspan="3">行政处罚决定</td><td>罚款10万元</td></tr>
<tr><td colspan="3">作出处罚决定的机关名称</td><td>中国银监会××监管分局</td></tr>
<tr><td colspan="3">作出处罚决定的日期</td><td>20××年××月××日</td></tr>
</table>

监管处罚二　××银监局行政处罚信息公开表（中国××银行××河西支行）

<table>
<tr><td colspan="3">行政处罚决定书文号</td><td>××银监罚决字〔20××〕×号</td></tr>
<tr><td rowspan="3">被处罚当事人姓名或名称</td><td colspan="2">个人姓名</td><td></td></tr>
<tr><td rowspan="2">单位</td><td>名称</td><td>中国××银行××河西支行</td></tr>
<tr><td>法定代表人（主要负责人）姓名</td><td>×××</td></tr>
<tr><td colspan="3">主要违法违规事实（案由）</td><td>流动资金贷款用于固定资产项目</td></tr>
<tr><td colspan="3">行政处罚依据</td><td>《流动资金贷款管理暂行办法》第九条，《中华人民共和国银行业监督管理法》第四十六条</td></tr>
<tr><td colspan="3">行政处罚决定</td><td>罚款30万元</td></tr>
<tr><td colspan="3">作出处罚决定的机关名称</td><td>××银监局</td></tr>
<tr><td colspan="3">作出处罚决定的日期</td><td>20××年××月××日</td></tr>
</table>

监管处罚三　××银监分局行政处罚信息公开表

（××农村商业银行股份有限公司）

<table>
<tr><td colspan="3">行政处罚决定书文号</td><td>××银监罚决字〔20××〕×号</td></tr>
<tr><td rowspan="3">被处罚当事人姓名或名称</td><td colspan="2">个人姓名</td><td></td></tr>
<tr><td rowspan="2">单位</td><td>名称</td><td>××农村商业银行股份有限公司</td></tr>
<tr><td>法定代表人（主要负责人）姓名</td><td>×××</td></tr>
<tr><td colspan="3">主要违法违规事实（案由）</td><td>（严重违反审慎经营规则）2011—2013 年，该行营业部、××路分理处、××支行分别向借款人方某某、尚某某、郭某某发放个人贷款 240 万元、个人生产经营贷款 150 万元、短期贷款 100 万元，3 家网点在贷款发放前未履行尽职调查职责，且在贷款发放后未采取有效方式对贷款资金使用、借款人的信用及担保情况变化等进行跟踪检查和监控分析，导致贷款用途转移，贷款用途转移后，也未采取有效措施确保贷款资金安全，对借款人提供虚假信息的行为未追究违约责任</td></tr>
<tr><td colspan="3">行政处罚依据</td><td>《个人贷款管理暂行办法》第四十二条第（七）项及《中华人民共和国银行业监督管理法》第四十六条第（五）项</td></tr>
<tr><td colspan="3">行政处罚决定</td><td>罚款 21 万元</td></tr>
<tr><td colspan="3">作出处罚决定的机关名称</td><td>中国银监会××监管分局</td></tr>
<tr><td colspan="3">作出处罚决定的日期</td><td>20××年××月××日</td></tr>
</table>

银行坚持企业核心资产抵押的管理原则，选择合适的担保品作为风险缓释手段和对冲保障，严格控制互保、交叉担保和过度担保，鼓励通过应收账款质押、核心资产抵押、专业担保公司等风险缓释措施。

【点评】

固定资产贷款与流动资金贷款比较如下：

项目	固定资产贷款	流动资金贷款
用途	解决企业固定资产投资活动的资金需求	满足企业中、短期的资金需求
期限	1~5年的中期贷款或5年以上的长期贷款	1年以内的短期贷款或1~3年的中期贷款
审核方式	逐笔申请逐笔审核	逐笔申请逐笔审核或在银行规定时间及限额内随借、随用、随还的流动资金贷款额度
还款来源	项目竣工验收投产后的现金或企业自有资金	主要为企业经营收入
风险	外部影响因素多，不确定性和不确定因素多，风险较大	集中在借款人、担保人或抵（质）押的风险
收益	长期、稳定收益	短中期收益

【口诀】

贷款用途要控牢，防止挪用盯用途，
受托支付要凭证，落实批复要坚决。

第七课　银行承兑汇票业务授信后检查要点

一、产品特点

银行承兑汇票业务是基于真实的贸易背景，由承兑申请人（出票人）签发，向开户银行申请，经审查同意，由银行承兑或事先给予一定承兑额度的授信业务。

银行承兑汇票业务必须以商品交易为基础，要求具备真实的贸易背景。

该业务是一般风险授信业务、低风险业务、短期授信、票据业务等多条业务线的交叉。银行承兑汇票具备极好的流通性，变现成本极低，因此，极易出现银行为了虚增存款而将贷款转保证金签发银行承兑汇票的情况。

二、检查要点

检查企业是否按规定用途使用银行承兑汇票，有无虚构贸易背景、循环开票融资的现象。

银行承兑汇票开出后2个月内须由企业提供与交易合同相吻合的增值税发票原件（原则上应为第二联购货方发票联，符合税法规定无法提供增值税发票的特殊性商品交易，须提交足以证明其真实商品交易的普通发票或其他有效书面材料），经双人审核确认其真实性、完整性后复印留存。对于超过规定时间甚至承兑到期仍未能提交发票归档的客户，银行应暂停对其继续开票。

三、虚构真实性贸易背景的形式表现

1. 缺少、伪造、变造增值税专用发票。

2. 虚构贸易合同（关注交易合同中标注的商品是否属于双方的经营范围，特别是交易金额较大、频率较高且内容一致的企业；关注合同交易双方的地址及交易商品的场地与合同中交货地点的关系，判断有无交货点与运输方式相矛盾的问题）。

3. 增值税发票金额、合同金额小于对应的银行承兑汇票金额。

4. 重复使用增值税发票、贸易合同。

5. 使用超过有效期限的贸易合同。

6. 增值税专用发票日期明显早于承兑票据出票日，且缺少合理的贸易背景解释。

7. 应检查是否存在签发的银行承兑汇票金额远大于企业全年商品交易总量；关注企业报表反映的经营规模、注册资金情况、盈利情况与承兑金额、合同中商品交易数量是否相适应，有无明显的金额夸大、数量失真的情况。

8. 对保证金专户的资金变动情况进行监控，检查保证金专户的存款是否用于承兑项下到期债务的支付，有无提前支取或挪用保证金的行为，保证金余额是否与批复的敞口金额匹配。

9. 银行承兑汇票到期前是否按照承兑协议要求存足兑付款项。

10. 申请人在承兑银行和其他银行存款、贷款及对外担保的变化情况。

银行承兑汇票授信后检查要点及标准和方法见表 7－1。

表 7－1　银行承兑汇票授信后检查要点及标准和方法

检查要点	检查标准及方法
存在承兑金额与企业销售收入或经营规模不相符的情况	1. 客户经理是否严格审查和核实承兑申请人的经营范围、经营规模以及财务状况，申请开票金额是否符合票据业务申请人的经营范围，票据交易金额与企业的经营规模、销售收入是否对称； 2. 是否审慎判断合同申请人提供的商品购销合同的真实性和有效性； 3. 材料中是否可见客户经理双人签字经办信贷业务
授信申请人与收款人或关联公司关联交易过多，虽提供了交易合同，但存在贸易背景不真实的嫌疑	
存在交易合同重复使用、合同涂改、合同买卖方名称或签章有瑕疵等贸易背景不真实的问题	
存在交易合同或发票不能完全覆盖承兑金额等贸易背景瑕疵的问题	

续表

<table>
<tr><th>检查要点</th><th>检查标准及方法</th></tr>
<tr><td>银行承兑汇票质押开票业务存在交易合同与发票时间不对应等贸易背景瑕疵的问题</td><td rowspan="3">1. 客户经理是否严格审查和核实承兑申请人的经营范围、经营规模以及财务状况，申请开票金额是否符合票据业务申请人的经营范围，票据交易金额与企业的经营规模、销售收入是否对称；
2. 是否审慎判断合同申请人提供的商品购销合同的真实性和有效性；
3. 材料中是否可见客户经理双人签字经办信贷业务</td></tr>
<tr><td>客户经理未按照“双人调查、双人面签”的授信调查要求在授信材料上签字</td></tr>
<tr><td>其他方面</td></tr>
<tr><td>银行低风险授信担保存在风险敞口或银行办理超过银行低风险产品范围的伪“低风险业务”</td><td rowspan="7">1. 是否按照《对公低风险授信及委托贷款业务审批转授权管理办法》的审查要求及转授权审批权限审批；
2. 检查业务的贸易背景是否符合当地监管规定、银行审计规定及业务管理规定。通过查看客户基础材料、业务档案，系统调查报告等，比较客户承兑余额、单笔业务发生金额、年度累计签票量与其注册资金、经营规模、上年度销售收入、上游前三名供应商的交易额等是否匹配。如对比合同金额是否大于承兑金额，是否符合票据业务申请人的经营范围，单次开票金额与累计开票金额是否与申请人的经营规模、销售收入匹配等；
3. 通过检查客户授信档案、查询系统监督支付或审计系统，确认银行承兑业务的保证金来源是否合规、质押资金来源是否合规，是否存在将借款人对公账户资金转至私人名下，后用第三方个人储蓄存单质押申请开立承兑的情况；
4. 检查合同申请人提供的商品购销合同是否真实有效、是否存在瑕疵</td></tr>
<tr><td>银行低风险授信审批业务未按总行转授权规定执行或存在超权限审批的情况</td></tr>
<tr><td>承兑保证金存在间接来源于贷款资金的嫌疑</td></tr>
<tr><td>承兑保证金或部分保证金存在来源于票面收款人的情况</td></tr>
<tr><td>质押资金来源不合规</td></tr>
<tr><td>低风险流动资金贷款存在授信用途不合规或未按照新规要求进行流动资金需求测算或未按规定受托支付的情况</td></tr>
<tr><td>其他方面的不合规问题</td></tr>
<tr><td>存在低风险审批表签字不完整的情况</td><td rowspan="3">1. 审核授信业务是否经过有权审批人/审批机构批准，系统审批与纸质批复的有权人是否一致；
2. 同一笔业务的放款审核岗是否兼任放款确认岗，放款审核中心主任岗是否兼任放款审核岗。每笔放款审核业务是否经过放款审核岗和主任岗双人签字，是否存在加盖名章或代签字情况；
3. 放款审核业务是否经有权人（包括放款审核中心/单元负责人、放款审核主任 B 岗）签批，二级银行有权人外出或无法履职时是否上报一级银行，重点检查有权人变动前后的放款审核业务；
4. 放款审核信贷档案资料是否完整，是否及时归档</td></tr>
<tr><td>存在未按照银行放款审核转受权人报备情况签字审批的情况</td></tr>
<tr><td>存在档案资料不完整、不规范等要件的问题</td></tr>
</table>

续表

<table>
<tr><th>检查要点</th><th>检查标准及方法</th></tr>
<tr><td>未按照总行要求使用最新的合同文本</td><td rowspan="2">1. 合同文本使用是否与授信业务品种相匹配；贷款展期合同是否与原贷款合同的内容衔接；
2. 合同文本填制要素是否齐全、完备、一致；
3. 是否按照总行规定的时间使用制式合同文本；非制式合同文本是否经法律合规部门审核同意；非制式装订的合同文本是否在骑缝处加盖双方合同印鉴；
4. 合同文本是否加盖银行公章或合同专用章，法定代表人/负责人签字栏处是否由银行行长或银行行长授权人签署，如加盖支行公章，法定代表人/负责人签字栏处是否经银行任命的支行行长（负责人）签署；
5. 授信合同文本的印章是否经会计人员核对，电子验印的日期是否晚于授信出账日期；
6. 更换原质押物及100%保证金担保的，是否签订《补充协议》</td></tr>
<tr><td>合同使用和填写不规范</td></tr>
<tr><td>承兑申请人未按规定用途使用银行承兑汇票</td><td rowspan="2">1. 承兑申请人是否按规定用途使用银行承兑汇票，是否存在实际交易与商品交易合同有明显出入的现象；
2. 是否存在发票未能及时归档的问题；是否已按照监管要求及银行承兑授信后管理要求，在规定的时间内将与交易合同一致的税务发票复印件归档；重点查看归档的税务发票品名、规格型号与申请承兑时提供的贸易合同是否一致</td></tr>
<tr><td>在当地监管机构有明确要求提供税票的情况下，未按当地监管要求及银行授信后管理规定及时归档与合同一致的增值税发票</td></tr>
</table>

【监管处罚】

监管处罚一　×××银监分局行政处罚信息公开表

（×××商业银行股份有限公司××县支行）

<table>
<tr><td colspan="3">行政处罚决定书文号</td><td>××银监罚字〔20××〕×号</td></tr>
<tr><td rowspan="3">被处罚当事人姓名或名称</td><td colspan="2">个人姓名</td><td></td></tr>
<tr><td rowspan="2">单位</td><td>名称</td><td>×××商业银行股份有限公司××县支行</td></tr>
<tr><td>法定代表人（主要负责人）姓名</td><td>×××</td></tr>
<tr><td colspan="3">主要违法违规事实（案由）</td><td>违反审慎性经营规则，违规办理无真实贸易背景的票据业务5000万元</td></tr>
</table>

续表

行政处罚依据	《中华人民共和国银行业监督管理法》第四十六条
行政处罚决定	罚款20万元
作出处罚决定的机关名称	××银监分局
作出处罚决定的日期	20××年××月××日

监管处罚二　××银监分局〔20××〕×号

处罚决定书文号：××银监罚〔20××〕×号

被处罚单位：××银行××分行

处罚事由：贷款资金转为定期存款，为办理银行承兑汇票业务作质押；办理无真实贸易背景的银行承兑汇票业务。

违规依据：《中国银监会关于整治银行业金融机构不规范经营的通知》《中华人民共和国银行业监督管理法》《流动资金贷款管理暂行办法》的相关规定。

处罚依据：《中华人民共和国银行业监督管理法》第四十六条规定，银行业金融机构有下列情形之一，由国务院银行业监督管理机构责令改正，并处20万元以上50万元以下罚款；情节特别严重或者逾期不改正的，可以责令停业整顿或者吊销其经营许可证；构成犯罪的，依法追究刑事责任：

（一）未经任职资格审查任命董事、高级管理人员的；

（二）拒绝或者阻碍非现场监管或者现场检查的；

（三）提供虚假的或者隐瞒重要事实的报表、报告等文件、资料的；

（四）未按照规定进行信息披露的；

（五）严重违反审慎经营规则的；

（六）拒绝执行本法第三十七条规定的措施的。

处罚：罚款130万元

处罚日期：20××年××月××日

作出处罚的机关：中国银行业监督管理委员会××监管分局

监管处罚三　××银监分局〔20××〕×号

处罚决定书文号：××银监罚〔20××〕××号

被处罚单位：××银行股份有限公司

处罚事由：1. 贷款资金转存定期存单用于票据业务质押，涉及2户，合计金额6900万元。2. 办理无真实贸易背景的银行承兑汇票业务，涉及2户，合计金额7600万元。

违规依据：《中华人民共和国票据法》《商业汇票承兑、贴现与再贴现管理暂行办法》《中华人民共和国银行业监督管理法》的相关规定。

处罚依据：《商业银行法》第七十四条及《中华人民共和国银行业监督管理法》第四十六条。

处罚：罚款90万元

处罚日期：20××年××月××日

作出处罚的机关：××银监分局

监管处罚四　××银监分局〔20××〕×号

处罚决定书文号：××银监罚〔20××〕××号

被处罚单位：上海×××银行股份有限公司××分行

处罚事由：

1. 虚增个人存贷款。
2. 违规发放借名贷款。
3. 贷款资金流入证券市场。
4. 为无真实贸易背景的票据办理贴现。

（1）20××年2月11日，上海×××银行股份有限公司××分行××支行向I公司签发一笔1500万元的银行承兑汇票，收款人为J在上海×××银行股份有限公司××分行××支行的账户，用途为购买柴油。当日，J公司在上海×××银行股份有限公司××分行××支行对该张票据贴现，贴现年利率为5.46%，贴现金额为1500万元。2月12日，J公司将该笔资金划至K公司在××联社××信用社开立的账户，再由后者划至J公司在××联社开立的账户。J公司又划1500万元至K公司在桐乡联社开立的账户。12日，K公司划出650万元至上海×××银行股份有限公司×

××分行××支行的同名账户。当日，K公司从该账户划出628.06万元开立定期存单作为49笔、金额628.06万元银行承兑汇票的保证金。

（2）L公司于20××年1月7日开出200万元商业承兑汇票，收款人为M有限公司。M有限公司当天将该张商业承兑汇票在上海×××银行股份有限公司××分行××支行贴现，贴现资金192万元划转至其在上海×××银行股份有限公司××分行开立的账户，1月8日将192万元及账上原有资金共200万元划至开票人L有限公司在上海×××银行股份有限公司××分行开立的账户，当日被M有限公司包装后用于兑付上海×××银行股份有限公司××分行签发的到期银行承兑汇票。

5. 违规办理存单冻结手续。

违规依据：《中国银监会关于整治银行业金融机构不规范经营的通知》（银监发〔2012〕3号）、《中华人民共和国银行业监督管理法》、《流动资金贷款管理暂行办法》、《固定资产贷款管理暂行办法》的相关规定。

处罚依据：《中华人民共和国银行业监督管理法》第二十一条、第三十五条、第四十六条及《中华人民共和国商业银行法》第三十五条。

处罚：罚款130万元

处罚日期：20××年×月×日

作出处罚的机关：中国银监会××监管分局

【客户经理问题解答】

很多客户经理问，开立银行承兑汇票是否需要增值税发票。其实，银保监会和人民银行（监管部门）对开立银行承兑汇票并没有强调一定需要发票，仅是需要合同。但在贴现环节，必须要发票和合同。

很多地方银保监局要求非常严，要求必须在开立银行承兑汇票环节提供增值税发票，或在开立银行承兑汇票一段时间内提供发票，这些规定都属于地方规定，当地银行遵守一般属地规定。

【口诀】

银票背景必真实，盯商品交易采购，
合同发票要齐全，周转期限短银票。

第八课　银行承兑汇票贴现授信后检查要点

一、产品特点

银行承兑汇票贴现是指银行承兑汇票持票人在汇票到期日前，为了提前取得资金，将未到期的银行承兑汇票转让给银行，银行按票面金额扣除贴现利息后，将余额付给持票人的一种融资行为。

二、检查要点

1. 检查有无逆程序操作、超授权审批的现象，主要是一些农信社、农商行承兑的银行承兑汇票，总行没有准入，而银行却自行办理贴现，承担了巨大的信用风险。

2. 检查是否存在无真实贸易背景的融资性票据办理贴现业务，为企业套取银行信贷资金的现象。

3. 检查贴现资金是否用于客户正常经营，有无贴现后资金向承兑申请人回流、转存保证金、直接或间接流入股市、股本权益性投资、房地产投资及其他高风险投资等异常流向。

4. 检查授信额度管控是否符合要求，注意贴现必须占同业授信额度。

5. 如为循环使用额度，应按贴现业务操作规程的要求进行票据查询，必须在查复确认后，所占用额度才能恢复循环使用。

三、特别提示

1. 由于银行承兑汇票的贴现利率远远低于贷款利率，应防止利用银行承兑汇票的方式套取信贷资金。

2. 应考虑操作电子银行承兑汇票贴现，避免操作纸质电子银行承兑汇票，规避假票据风险。

【分析】

很多银行认为，对于有授信额度的客户，在额度内办理贷款和办理银行承兑汇票的风险一样，而开立银行承兑汇票并不占用贷款规模，同时还可以吸收保证金存款，因此热衷于开立银行承兑汇票。这样做资金风险不大，政策风险却极大。

【监管处罚】

中国银监会××监管分局行政处罚信息公开表
（××银监罚〔20××〕×号）

（××银行××支行）

<table>
<tr><td colspan="3">行政处罚决定书文号</td><td>××银监罚〔20××〕×号</td></tr>
<tr><td rowspan="3">被处罚当事人姓名或名称</td><td colspan="2">个人姓名</td><td></td></tr>
<tr><td rowspan="2">单位</td><td>名称</td><td>××银行××支行</td></tr>
<tr><td>法定代表人（主要负责人）姓名</td><td>×××</td></tr>
<tr><td colspan="3">主要违法违规事实（案由）</td><td>办理无真实贸易背景的银行承兑汇票及贴现业务</td></tr>
<tr><td colspan="3">行政处罚依据</td><td>《中华人民共和国银行业监督管理法》第四十六条</td></tr>
<tr><td colspan="3">行政处罚决定</td><td>罚款 30 万元</td></tr>
<tr><td colspan="3">作出处罚决定的机关名称</td><td>中国银监会××监管分局</td></tr>
<tr><td colspan="3">作出处罚决定的日期</td><td>20××年××月××日</td></tr>
</table>

总结

银行承兑汇票贴现资金使用，虽不按照《流动资金贷款管理办法》要求受托支付，但是仍应进行一定程度的控制，以防止回流至出票人及其关联公司，防止用于股票及股权投资。毕竟，贴现资金仍属于信贷资金，需要遵守信贷资金的基本规则。

第九课　商业承兑汇票贴现授信后检查要点

一、产品特点

商业承兑汇票贴现的前提条件是承兑人具备一定的经营实力和良好的商业信用，申请人持有真实合法的商业汇票，具备真实的贸易背景。

【政策依据】

依据为《中国银监会办公厅关于票据业务风险提示》（银监办发〔2015〕203 号）、《票据法》、《中国人民银行关于规范和促进电子商业汇票业务发展的通知》（银发〔2016〕224 号）、《中国人民银行关于促进商业承兑汇票业务发展的指导意见》（银发〔2006〕385 号）的相关规定。

二、检查要点

1. 对商业承兑汇票承兑人的检查要点。

（1）了解企业的经营状况、财务状况、现金流量情况，是否出现贷款逾期、欠息、表外业务垫款等违约事项。

（2）贸易背景是否与业务申请人和承兑人的经营范围一致。

（3）是否作为贴现申请人在银行直接贴现自己承兑的商业承兑汇票。

（4）承兑人是否在短期内资金周转能力极强，在 6 个月或 12 个月内，资金是否可周转回来兑付商业承兑汇票。

2. 对贴现申请人的检查要点。

（1）了解企业的经营状况、财务状况、现金流量等情况，是否出现贷款逾期、欠息、表外业务垫款等违约事项。

（2）贸易背景是否与业务申请人和承兑人的经营范围一致。

（3）信贷资金是否用于正常生产经营，有无向承兑人回流、转存保证金、直接或间接流入股市、股本权益性投资、房地产投资及其他高风险投资等异常流向。

（4）是否存在承兑人的关联企业帮助承兑人套取贴现资金。

3. 对贸易背景真实性的检查要点。

（1）申请人是否按规定提交了增值税发票、普通发票、商品交易合同、货运单以及营业执照核定经营范围等资料（复印件加盖公章）。

（2）汇票、合同和发票之间期限、内容、金额等是否对应。注意合同金额、增值税发票金额必须大于或等于贴现汇票金额。

（3）对于关联企业签发的商业承兑汇票，须严格检查其贸易背景，防止通过以贴现形式套取资金。集团企业内设的资金管理类机构办理贴现或买断的业务，需检查企业提供的其前手与再前手之间具有真实贸易背景的商品交易合同和相关税务发票及加盖公章的书面说明（书面说明需包含集团对业务申请人的授权或集团公司的批准文件、业务申请人业务操作模式、具体职责、资金管理特点、与集团成员单位之间的商业汇票业务操作规定等）。

（4）对使用商业承兑汇票的房地产、城投类公司，必须非常谨慎，严格核实贸易背景，防止企业套取银行资金。

4. 授信额度检查要点。

商业承兑汇票贴现必须占用额度，或者占用承兑人的授信额度，或者占用持票人的授信额度，或是占用中间一手背书人的授信额度，贴现前，必须扣减授信额度。

三、大企业个别人员恶意签发商业承兑汇票套取融资检查要点

1. 风险点。大企业个别工作人员利用本单位商业承兑汇票被市场广为接受的特点，大量签发融资性商业承兑汇票，用于个人套取资金，形成巨大风险。

2. 防范要点。

（1）必须介入大企业财务管理系统，查询相关商业承兑汇票对应的财务审批文件；

（2）进行逻辑合理性判断，判断出票人与收款人之间的交易逻辑合理性，收款人经营实力与收到商业承兑汇票票面金额应匹配。

（3）查询收款人流水，通过前期流水核实校验本次收到商业承兑汇票

的合理性。

（4）对于劳务公司、施工企业收到的商业承兑汇票，需要核实了解客户的施工现场、合同、业务流水等信息。

【风险要点】

实践中，一些企业通过虚构商业合同，通过关联方或者上下游客户开具无真实商业交易的商业承兑汇票进行短期融资，取得商业承兑汇票后贴现或者背书给交易对方。该等行为违反了《票据法》的规定，但是因为企业此种行为的主要目的是融资，不存在欺诈或触犯刑法的行为，企业如果能在申报前予以规范，解付相关商业承兑汇票，并承诺今后不再通过此种方式融资，并由大股东进行兜底，不会对企业在“新三板”上市构成实质性的障碍。

【说明】

很多银行认为商业承兑汇票风险极大，其实不然，商业承兑汇票在额度内操作风险可控。如果有企业持商业承兑汇票找银行申请融资，银行应当首先检查商业承兑汇票承兑人的兑付能力。

【监管处罚】

××银监局行政处罚信息公开表

（××银行股份有限公司资金运营中心）

<table>
<tr><td colspan="3">行政处罚决定书文号</td><td>×银监罚决字〔20××〕×号</td></tr>
<tr><td rowspan="3">被处罚当事人姓名或名称</td><td colspan="2">个人姓名</td><td></td></tr>
<tr><td rowspan="2">单位</td><td>名称</td><td>××银行股份有限公司资金运营中心</td></tr>
<tr><td>法定代表人（主要负责人）姓名</td><td>×××（代为履职）</td></tr>
<tr><td colspan="3">案由</td><td>违规开展商业承兑汇票买入返售</td></tr>
<tr><td colspan="3">行政处罚依据</td><td>《关于规范金融机构同业业务的通知》第五条，《中华人民共和国银行业监督管理法》第四十六条</td></tr>
<tr><td colspan="3">行政处罚决定</td><td>罚款400万元</td></tr>
<tr><td colspan="3">作出处罚决定的机关名称</td><td>中国银监会××监管局</td></tr>
<tr><td colspan="3">作出处罚决定的日期</td><td>20××年××月××日</td></tr>
</table>

【案例】

关于涉及开立银行账户与出具商业承兑汇票相关事项的公告

一、×××公司获悉××省××市商业银行存在本公司银行账户的相关情况

2018年6月末，×××公司财务总监向管理层汇报称，其公司财务在××省××市商业银行存在一个账户，该账户于2014年8月开立，不是本公司人员办理的，该账户购买了125张商业承兑汇票。截至其汇报时点，上述商业承兑汇票中撕毁1张，已将其中另一张汇票（票面金额2000万元）支付给××粮油公司。

2018年7月初，×××公司责成相关人员收回上述125张商业承兑汇票中的123张（包括已开具汇票和未开具的空白汇票），尚有两张商业承兑汇票未收回，用途及具体金额不详。

二、×××公司收到《律师函》的相关情况

2018年7月8日，×××公司收到×××能源公司委托××律师事务所发来的律师函，要求公司认真履行票据到期承兑。

律师函主要内容为，××环保科技有限公司、××肥料有限公司、单××、刘××于2016年3月19日向××能源公司借款，××粮油公司为上述借款人提供连带保证担保；公司于2018年2月11日向××粮油公司出具了商业承兑汇票一张（出票人为×××公司，票面金额为2000万元）；2018年2月12日，××粮油公司将该汇票为“债务人”（××环保科技有限公司、××肥料有限公司、单××、刘×）向“债权人”（××能源公司）作出了票据质押担保。鉴于×××公司于2018年3月31日发布《关于声明原印鉴作废的公告》（临20××—××号），××律师事务所要求公司就以公司名义出具的商业承兑汇票的真实性、合法性、关联性负责。

三、×××公司核查及采取措施的相关情况

×××公司管理层获悉××省××市商业银行存在银行账户及以公司名义出具商业承兑汇票等事宜后，意识到事态严峻，向有关部门进行了汇报，并根据律师函中提供的联系方式，要求提供律师函中提到的商业承兑汇票的相关文件。

之后，×××公司发函××省××市商业银行，向其申请查询该账户的印鉴复印件、经办人证件复印件以及开户所需相应证照的复印件以便核实开户所需相关证件的真实性及合法性。××省××市商业银行邮件回复本公司：开户预留印鉴为公司财务章及法人名章，授权经办人为黄××。

×××公司财务总监的汇报及说明：公司于2014年8月在××省××市商业银行开立过一个账户，该账户一直不在财务部的控制下，账户开立时财务部并不知晓。根据整改报告的要求需要尽快办理销户手续，在其了解账户的相关情况时，得知该账户开具过商业承兑汇票，需要去银行销户才能知道具体情况。

×××公司随即于2018年8月6日、8月7日分别向开立上述银行账户时的董事长黄××先生、总经理丁×先生，以及出具商业承兑汇票时的董事长、总经理、公司财务总监、监事会主席等相关人员就上述事项进行书面问询。根据上述人员的回复，关于以公司名义出具商业承兑汇票一事，直至公司向其发函问询前，上述相关人员并不知晓也从未授权任何人以公司名义出具商业承兑汇票。

关于公司收到的商业承兑汇票保兑保函、采购合同以及在验收合格报告中加盖公章事项，上述相关人员在收到公司问询函以及相关资料之前均不知晓公司签署过商业承兑汇票保兑保函、采购合同，也均不知晓公司在验收合格报告中盖过公章。

关于在××省××市商业银行开立账户的经办人“王××”，上述人员均未向其提供过开户及购买商业承兑汇票所需的相关证照及印鉴。关于王××，除丁×外，其他相关人员均表示不认识此人。丁×表示认识一个叫“黄××”的人，此人说可以帮助公司融资，所以有过接触，但是没有深交，不知道此人是否就是去银行开户的“黄××”，而且其后来没有见过此人，也没有通过电话。

四、上述事项对上市公司的影响

针对××省××市商业银行存在×××公司银行账户以及以公司名义出具商业承兑汇票等事项，经公司内部初步核查，时任高管在设立账户及出具商业承兑汇票时均表示不知情，也未履行过相关程序，公司财务也未收到过××粮油公司开具的增值税发票。公司认为，该账户的设立（包括设立时向银行所提供的相关证照及印鉴）以及出具商业承兑汇票的真实性和合法性存疑；××省××市商业银行回复中提及的开立公司账户的授权经办人“王××”从未在公司任职过；采购合同及验收合格报告中提及的事项公司均无人知晓；同时，公司财务部于20××年10月23日打印开立银行账户查询清单时已知晓该账户的存在，但未引起相关领导及部门的重视，导致后续出现该账户购买并以公司名义出具商业承兑汇票的不良后果，有可能给公司带来经济损失，对上市公司造成不利影响。

目前，公司仍在对开立××省××市商业银行账户、出具商业承兑汇票、签署采购合同、验收合格报告等事项的合法性及真实性进行进一步调查，上述事项是否给公司造成经济损失尚不能确定。后续如经公司查实或得到有权部门的确认，若有人冒充公司员工并以公司名义开立银行账户、虚构事实骗取商业承兑汇票，用骗取的商业承兑汇票进行票据质押担保，给上市公司造成经济损失，本公司将保留对事件实际责任人的法律诉讼权，以维护全体股东的利益。公司也将继续关注上述事项，后续如有进展，公司将及时履行信息披露义务。

【口诀】

商票融资要谨慎，承兑企业有授信，
贸易背景要可控，操作风险要严控。

第十课　上市公司增发、配股过桥贷款检查要点

一、产品特点

上市公司增发、配股过桥贷款，是指由承销商推荐，上市公司增发、配股的方案已得到国家有关证券监管部门批准，因募集资金尚不到位，为解决临时性的正常资金需要向银行申请，并由具有法人资格的承销商提供担保的流动资金贷款。

回收速度快是过桥贷款的最大优点，且期限较短，最长不超过一年，

利率相对较高。过桥贷款主要还款来源为上市公司增发、配股的募集资金。

【政策依据】

依据《商业银行并购贷款风险管理指引》（银监发〔2015〕5号）的相关规定。

第三条　本指引所称并购，是指境内并购方企业通过受让现有股权、认购新增股权，或收购资产、承接债务等方式以实现合并或实际控制已设立并持续经营的目标企业或资产的交易行为。

并购可由并购方通过其专门设立的无其他业务经营活动的全资或控股子公司（以下称子公司）进行。

第十一条　商业银行评估战略风险，应从并购双方行业前景、市场结构、经营战略、管理团队、企业文化和股东支持等方面进行分析，包括但不限于以下内容：

（一）并购双方的产业相关度和战略相关性，以及可能形成的协同效应；

（二）并购双方从战略、管理、技术和市场整合等方面取得额外回报的机会；

（三）并购后的预期战略成效及企业价值增长的动力来源；

（四）并购后新的管理团队实现新战略目标的可能性；

（五）并购的投机性及相应风险控制对策；

（六）协同效应未能实现时，并购方可能采取的风险控制措施或退出策略。

第十二条　商业银行评估法律与合规风险，包括但不限于分析以下内容：

（一）并购交易各方是否具备并购交易主体资格；

（二）并购交易是否按有关规定已经或即将获得批准，并履行必要的登记、公告等手续；

（三）法律法规对并购交易的资金来源是否有限制性规定；

（四）担保的法律结构是否合法有效并履行了必要的法定程序；

（五）借款人对还款现金流的控制是否合法合规；

（六）贷款人权利能否获得有效的法律保障；

（七）与并购、并购融资法律结构有关的其他方面的合规性。

第十六条 商业银行应在财务模型测算的基础上，充分考虑各种不利情形对并购贷款风险的影响。不利情形包括但不限于：

（一）并购双方的经营业绩（包括现金流）在还款期内未能保持稳定或增长趋势；

（二）并购双方的治理结构不健全，管理团队不稳定或不能胜任；

（三）并购后并购方与目标企业未能产生协同效应；

（四）并购方与目标企业存在关联关系，尤其是并购方与目标企业受同一实际控制人控制的情形。

第十七条 商业银行应在全面评估并购贷款风险的基础上，确认并购交易的真实性，综合判断借款人的还款资金来源是否充足，还款来源与还款计划是否匹配，借款人是否能够按照合同约定支付贷款利息和本金等，并提出并购贷款质量下滑时可采取的应对措施或退出策略，形成贷款评审报告。

第十八条 商业银行全部并购贷款余额占同期本行一级资本净额的比例不应超过50%。

第十九条 商业银行应按照本行并购贷款业务发展策略，分别按单一借款人、集团客户、行业类别、国家或地区对并购贷款集中度建立相应的限额控制体系，并向银监会或其派出机构报告。

第二十条 商业银行对单一借款人的并购贷款余额占同期本行一级资本净额的比例不应超过5%。

第二十一条 并购交易价款中并购贷款所占比例不应高于60%。

第二十二条 并购贷款期限一般不超过七年。

第二十八条 并购方与目标企业存在关联关系的，商业银行应当加强贷前调查，了解和掌握并购交易的经济动机、并购双方整合的可行性、协同效应的可能性等相关情况，核实并购交易的真实性以及并购交易价格的合理性，防范关联企业之间利用虚假并购交易套取银行信贷资金的行为。

第二十九条 商业银行原则上应要求借款人提供充足的能够覆盖并购贷款风险的担保，包括但不限于资产抵押、股权质押、第三方保证，以及符合法律规定的其他形式的担保。以目标企业股权质押时，商业银行应采用更为审慎的方法评估其股权价值和确定质押率。

第三十条 商业银行应根据并购贷款风险评估结果，审慎确定借款合同中贷款金额、期限、利率、分期还款计划、担保方式等基本条款的内容。

第三十一条 商业银行应在借款合同中约定保护贷款人利益的关键条款，包括但不限于：

（一）对借款人或并购后企业重要财务指标的约束性条款；

（二）对借款人特定情形下获得的额外现金流用于提前还款的强制性条款；

（三）对借款人或并购后企业的主要或专用账户的监控条款；

（四）确保贷款人对重大事项知情权或认可权的借款人承诺条款。

二、检查要点

该项业务中借款人和担保人的特殊性，决定了过桥贷款主要风险点为违反监管规则风险和借款人还款风险，结合风险点，主要检查内容应包括以下两个方面。

1. 违反监管规则，可能导致担保失效或其他风险的检查要点。

（1）未来募集资金计划是否得到证券监管机构和省级行政部门的批准，募集资金使用项目是否得到发展改革委等部门的批复。

（2）承销商是不是具有一级法人资格的综合类券商，且与发放贷款的银行签订了证券资金清算、监管协议。

（3）承销商是否对发放的贷款承担连带的保证责任，并在发放贷款银行的所在地有充足的资产为借款提供保证，银行应尽可能地要求券商用行情良好的优质股票或债券来质押担保，避免使用信用担保。

（4）是否存在承销商为揽取业务不惜采取增大自身经营风险进行担保的不当手段（可要求提供担保的券商在担保合同中作出特别声明——本担保是担保人所提供的有偿担保服务，而非担保人为承销证券而发生的变相融资行为）。

（5）上市公司与承销商是否存在串通欺诈银行现象，关注资产能力有限，且通过非法手段取得上市资格的企业。

2. 借款人还款方面检查要点。

（1）增发、配股从批准后到检查时是否存在国家对市场调控致使拟上市发行企业丧失发行资格的情况。

（2）股票市场的行情发展是否不利于增发、配股上市发行。

（3）上市公司募集资金是否用于国家支持类项目。

（4）上市公司是否未按约定（募集资金用途）使用借款，包括但不限于炒股或其他国家禁止的用途，致使资金无法或难以收回。

三、增发股票的条件

1. 上市公司增发股票的一般条件。

（1）组织机构健全，运行良好。上市公司的公司章程合法有效，股东大会、董事会、监事会和独立董事制度健全，能够依法有效履行职责；公司内部控制制度健全，能够有效保证公司运行的效率、合法合规性和财务报告的可靠性；内部控制制度的完整性、合理性、有效性不存在重大缺陷；现任董事、监事和高级管理人员具备任职资格，能够忠实和勤勉地履行职务，不存在违反《公司法》第一百四十八条、第一百四十九条规定的行为，且最近 36 个月内未受到过中国证监会的行政处罚、最近 12 个月内未受到过证券交易所的公开谴责；上市公司与控股股东或实际控制人的人员、资产、财务分开，机构、业务独立，能够自主经营管理；最近 12 个月内不存在违规对外提供担保的行为。

（2）盈利能力应具有可持续性。上市公司最近 3 个会计年度连续盈利。扣除非经常性损益后的净利润与扣除前的净利润相比，以低者作为计算依据；业务和盈利来源相对稳定，不存在严重依赖于控股股东、实际控制人的情形；现有主营业务或投资方向能够可持续发展，经营模式和投资计划稳健，主要产品或服务的市场前景良好，行业经营环境和市场需求不存在现实或可预见的重大不利变化；高级管理人员和核心技术人员稳定，最近 12 个月内未发生重大不利变化；公司重要资产、核心技术或其他重大权益的取得合法，能够持续使用，不存在现实或可预见的重大不利变化；不存在可能严重影响公司持续经营的担保、诉讼、仲裁或其他重大事项；最近 24 个月内曾公开发行证券的，不存在发行当年营业利润比上年下降 50% 以上的情形。

（3）财务状况良好。上市公司的会计基础工作规范，严格遵循国家统一会计制度的规定；最近 3 年报表未被注册会计师出具保留意见、否定意见或无法表示意见的审计报告；被注册会计师出具带强调事项段的无保留意见审计报告的，所涉及的事项对发行人无重大不利影响或者在发行前重大不利影响已经消除；资产质量良好。不良资产不足以对公司财务状况造成重大不利影响；经营成果真实，现金流量正常。营业收入和成本费用的确认严格遵循国家有关企业会计准则的规定，最近 3 年资产减值准备计提充分合理，不存在操纵经营业绩的情形；最近 3 年以现金或股票方式累计分配的利润不少于最近 3 年实现的年均可分配利润的 30%。

（4）财务会计文件无虚假记载。上市公司不存在违反证券法律、行政法规或规章，受到中国证监会的行政处罚，或者受到刑事处罚的行为；不存在违反工商、税收、土地、环保、海关法律、行政法规或规章，受到行政处罚且情节严重，或者受到刑事处罚的行为；不存在违反国家其他法律、行政法规且情节严重的行为。

（5）募集资金的数额和使用符合规定。上市公司募集资金数额不超过项目需要量；募集资金用途符合国家产业政策和有关环境保护、土地管理等法律和行政法规的规定；除金融类企业外，本次募集资金使用项目不得为持有交易性金融资产和可供出售的金融资产、借予他人、委托理财等财务性投资，不得直接或间接投资于以买卖有价证券为主要业务的公司。投资项目实施后，不会与控股股东或实际控制人产生同业竞争或影响公司生产经营的独立性；建立募集资金专项存储制度，募集资金必须存放于公司董事会决定的专项账户。

（6）上市公司不存在下列行为。

①本次发行申请文件有虚假记载、误导性陈述或重大遗漏。

②擅自改变前次公开发行证券募集资金的用途而未作纠正。

③上市公司最近 12 个月内受到过证券交易所的公开谴责。

④上市公司及其控股股东或实际控制人最近 12 个月内存在未履行向投资者作出的公开承诺的行为。

⑤上市公司或其现任董事、高级管理人员因涉嫌犯罪被司法机关立案侦查或涉嫌违法违规被中国证监会立案调查。

⑥严重损害投资者的合法权益和社会公共利益的其他情形。

2. 上市公司向原股东配售股份（以下简称配股）的条件。配股除了应当符合前述一般条件，还应当符合以下条件。

（1）拟配售股份数量不超过本次配售股份前股本总额的30%。

（2）控股股东应当在股东大会召开前公开承诺认配股份的数量。

（3）采用证券法规定的代销方式发行。控股股东不履行认配股份的承诺，或者代销期限届满，原股东认购股票的数量未达到拟配售数量70%的，发行人应当按照发行价并加算银行同期存款利息返还已经认购的股东。

3. 上市公司向不特定对象公开募集股份（以下简称增发）的条件。增发除了符合前述一般条件，还应当符合以下条件。

（1）最近3个会计年度加权平均净资产收益率平均不低于6%。扣除非经常性损益后的净利润与扣除前的净利润相比，以低者作为加权平均净资产收益率的计算依据。

（2）除金融类企业外，最近一期期末不存在持有金额较大的交易性金融资产和可供出售的金融资产、借予他人款项、委托理财等财务性投资的情形。

（3）发行价格应不低于公告招股意向书前20个交易日公司股票均价或前一个交易日的均价。

4. 上市公司非公开发行股票的条件。所谓非公开发行股票，是指上市公司采用非公开方式，向特定对象发行股票的行为。非公开发行股票的特定对象应当符合股东大会决议规定的条件，其发行对象不超过10名。发行对象为境外战略投资者的，应当经国务院相关部门事先批准。

（1）上市公司非公开发行股票，应当符合以下规定。

①发行价格不低于定价基准日前20个交易日公司股票均价的90%。

②本次发行的股份自发行结束之日起，12个月内不得转让；控股股东、实际控制人及其控制的企业认购的股份，36个月内不得转让。

③募集资金使用符合有关规定。

④本次发行将导致上市公司控制权发生变化的，还应当符合中国证监会的其他规定。

（2）上市公司存在下列情形之一的不得非公开发行股票。

①本次发行申请文件有虚假记载、误导性陈述或重大遗漏。

②上市公司的权益被控股股东或实际控制人严重损害且尚未消除。

③上市公司及其附属公司违规对外提供担保且尚未解除。

④现任董事、高级管理人员最近 36 个月内受到过中国证监会的行政处罚，或者最近 12 个月内受到过证券交易所公开谴责。

⑤上市公司或其现任董事、高级管理人员因涉嫌犯罪正被司法机关立案侦查或涉嫌违法违规正被中国证监会立案调查。

⑥最近一年及一期财务报表被注册会计师出具保留意见、否定意见或无法表示意见的审计报告。保留意见、否定意见或无法表示意见所涉及事项的重大影响已经消除或者本次发行涉及重大重组的除外。

⑦严重损害投资者合法权益和社会公共利益的其他情形。

四、增发股票的程序

1. 先由董事会作出决议，董事会就上市公司申请发行证券作出的决议应当包括下列事项。

（1）本次增发股票的发行方案。

（2）本次募集资金使用的可行性报告。

（3）前次募集资金使用的报告。

（4）其他必须明确的事项。

2. 提请股东大会批准，股东大会就发行股票作出的决定至少应当包括下列事项：本次发行证券的种类和数量；发行方式、发行对象及向原股东配售的安排；定价方式或价格区间；募集资金用途；决议的有效期；对董事会办理本次发行具体事宜的授权；其他必须明确的事项。股东大会就发行事项作出决议，必须经出席会议的股东所持表决权的 2/3 以上通过。向本公司特定的股东及其关联人发行的，股东大会就发行方案进行表决时，关联股东应当回避。上市公司就增发股票事项召开股东大会，应当提供网络或者其他方式为股东参加股东大会提供便利。

3. 由保荐人保荐并向中国证监会申报，保荐人应当按照中国证监会的有关规定编制和报送发行申请文件。

4. 中国证监会依照有关程序审核并决定核准或不核准增发股票的申

请。中国证监会审核发行证券的申请的程序为：收到申请文件后，5 个工作日内决定是否受理；受理后，对申请文件进行初审；由发行审核委员会审核申请文件；作出核准或者不予核准的决定。

5. 上市公司发行股票自中国证监会核准发行之日起，上市公司应在 6 个月内发行股票；超过 6 个月未发行的，核准文件失效，须重新经中国证监会核准后方可发行。证券发行申请未获核准的上市公司，自中国证监会作出不予核准的决定之日起 6 个月后，可再次提出证券发行申请。上市公司发行证券前发生重大事项的，应暂缓发行，并及时报告中国证监会。该事项对本次发行条件构成重大影响的，发行证券的申请应重新经过中国证监会核准。

6. 上市公司发行股票应当由证券公司承销，承销的有关规定参照前述首次发行股票并上市部分所述内容；非公开发行股票，发行对象均属于原前 10 名股东的，可以由上市公司自行销售。

五、增发股票的信息披露

1. 上市公司增发股票的应当按照中国证监会规定的程序、内容和格式，编制公开募集证券说明书或者其他信息披露文件，依法履行信息披露义务。中国证监会规定的内容是信息披露的最低要求，凡对投资者投资决策有重大影响的信息，上市公司均应充分披露。上市公司应当保证投资者及时、充分、公平地获得法定披露的信息，信息披露文件使用的文字应当简洁、平实、易懂。

2. 股票发行议案经董事会表决通过后应当在两个工作日内报告证券交易所，公告召开股东大会的通知。使用募集资金收购资产或者股权的，应当在公告召开股东大会通知的同时，披露该资产或者股权的基本情况、交易价格、定价依据以及是否与公司股东或其他关联人存在利害关系。股东大会通过本次发行议案之日起两个工作日内，上市公司应当公布股东大会决议。

3. 上市公司收到中国证监会关于本次发行申请的不予受理或者终止审查、不予核准或者予以核准的决定后，应当在次工作日予以公告。上市公司决定撤回股票发行申请的，也应当在撤回申请文件的次工作日予以公告。

4. 上市公司全体董事、监事、高级管理人员应当在公开募集证券说明书上签字，保证不存在虚假记载、误导性陈述或者重大遗漏，并声明承担个别和连带的法律责任。

5. 保荐机构及保荐代表人应当对公开募集证券说明书的内容进行尽职调查并签字，确认不存在虚假记载、误导性陈述或者重大遗漏，并声明承担相应的法律责任。公开募集证券说明书所引用的审计报告、盈利预测审核报告、资产评估报告、资信评级报告，应当由有资格的证券服务机构出具，并由至少两名有从业资格的人员签署。公开募集证券说明书所引用的法律意见书，应当由律师事务所出具，并由至少两名经办律师签署。为证券发行出具专项文件的注册会计师、资产评估人员、资信评级人员、律师及其所在机构，应当按照本行业公认的业务标准和道德规范出具文件，并声明对所出具文件的真实性、准确性和完整性承担责任。公开募集证券说明书自最后签署之日起6个月内有效。公开募集证券说明书不得使用超过有效期的资产评估报告或者资信评级报告。

6. 上市公司在公开增发股票前的2～5个工作日内，应当将经中国证监会核准的募集说明书摘要或者募集意向书摘要刊登在至少一种中国证监会指定的报刊上，同时将其全文刊登在中国证监会指定的互联网网站上，置备于中国证监会指定的场所，待公众查阅。

【说明】

银行对上市公司提供增发前融资，公司股票一旦增发成功，上市公司肯定会将增发资金存入银行，银行获得可观的大额存款。所以，各家银行都应积极争取增发融资的业务机会。

银行必须通过主承销券商了解增发的成功概率，尤其是以增发作为还款来源的贷款，必须对增发的批文、增发的接盘机构进行详细了解。

第十一课　固定资产贷款和项目融资贷款授信后检查要点

一、产品特点

固定资产贷款是指银行向企（事）业法人或国家规定可以作为借款人的其他组织发放的，用于借款人固定资产投资的本外币贷款。

固定资产投资包括基本建设投资、更新改造投资、房地产开发投资以及其他固定资产投资四大类。

固定资产贷款风险明显高于流动资金贷款，固定资产贷款一般需要看投资项目，而且期限偏长，可能发生的意外情况较多，必须非常谨慎。

【政策依据】

依据《固定资产贷款管理暂行办法》中的以下相关规定。

第九条　贷款人受理的固定资产贷款申请应具备以下条件：

（一）借款人依法经工商行政管理机关或主管机关核准登记；

（二）借款人信用状况良好，无重大不良记录；

（三）借款人为新设项目法人的，其控股股东应有良好的信用状况，无重大不良记录；

（四）国家对拟投资项目有投资主体资格和经营资质要求的，符合其要求；

（五）借款用途及还款来源明确、合法；

（六）项目符合国家的产业、土地、环保等相关政策，并按规定履行了固定资产投资项目的合法管理程序；

（七）符合国家有关投资项目资本金制度的规定；

（八）贷款人要求的其他条件。

第二十条　贷款人应在合同中与借款人约定，借款人出现未按约定用途使用贷款、未按约定方式支用贷款资金、未遵守承诺事项、申贷文件信息失真、突破约定的财务指标约束等情形时借款人应承担的违约责任和贷款人可采取的措施。

第二十二条　贷款人在发放贷款前应确认借款人满足合同约定的提款条件，并按照合同约定的方式对贷款资金的支付实施管理与控制，监督贷款资金按约定用途使用。

第二十五条　单笔金额超过项目总投资5%或超过500万元人民币的贷款资金支付，应采用贷款人受托支付方式。

第二十六条　采用贷款人受托支付的，贷款人应在贷款资金发放前审核借款人相关交易资料是否符合合同约定条件。贷款人审核同意后，将贷款资金通过借款人账户支付给借款人交易对手，并应做好有关细节的认定记录。

第三十九条　贷款人有下列情形之一的，银行业监督管理机构除按本办法第三十八条规定采取监管措施外，还可根据《中华人民共和国银行业监督管理法》第四十六条、第四十八条规定对其进行处罚：

（一）受理不符合条件的固定资产贷款申请并发放贷款的；

（二）与借款人串通，违法违规发放固定资产贷款的；

（三）超越、变相超越权限或不按规定流程审批贷款的；

（四）未按本办法规定签订贷款协议的；

（五）与贷款同比例的项目资本金到位前发放贷款的；

（六）未按本办法规定进行贷款资金支付管理与控制的；

（七）有其他严重违反本办法规定的行为的。

二、检查要点

1. 建设期检查要点。

（1）贷款资金采用借款人自主支付的，应定期（至少每3个月）检查借款人的贷款资金支付计划和支付的相关材料是否符合约定用途，资金支付是否按计划发放至相应的账户，定期录入提款记录，收集有关的凭证。

（2）单笔金额超过总投资5%或超过500万元的贷款资金采用受托支付的，检查交易合同等与支付相关的交易背景资料及放款部门审核材料。

（3）贷款合同应为银行法律合规部门确认的合同文本，借款合同、担保合同等相关合同中是否要素齐全，是否按有关规定和授信批复要求明确各方当事人的权利、义务及违约责任，避免对重要事项未约定、约定不明或约定无效。

（4）合同中应与借款人明确约定提款条件，贷款资金支付方式及接受贷款人管理和控制等与贷款使用相关的条款，提款条件应包括与贷款同比例的资本金已足额到位、项目实际进度与已投资额相匹配等要求。

（5）贷款资金是否按照建设进度逐步使用，应定期进行现场检查，了解项目进度并检查已投放的贷款资金是否与建设进展相匹配。

（6）判断自筹资金是否已按约定进度到位，项目贷款资金投放应与客户资本金、自有资金到位进度相匹配。其他自有资金来源到位的检查。

（7）是否存在抽逃资本金行为，一旦发现，立即冻结账户，冻结剩余额度，同时书面通知企业违约。

（8）资金来源属于多家银行拼盘授信的，落实他行融资状况，同时，要观察整体资金的使用情况；如果融资来源于银团贷款，还需定期与银团各方沟通项目进展情况。

（9）考察国家对该行业的指导意见和相关政策环境变化分析，综合分析项目的中长期市场前景。

（10）考察是否存在技术和建设风险，检查是否存在因新的生产工艺和技术导致建设不能按计划实现投产或导致投资增加的可能；检查项目能否按期完工。

（11）项目完工的相关手续是否完备，避免因完工手续存在的瑕疵导致阶段性担保或有限追索权担保方式的落空。

（12）项目建成后，检查试生产情况及产品的质量、价格、市场需求及销售计划等。

【点评】

对于固定资产贷款，在建设期，要检查借款人的建设情况，要确保能够建设成功，项目按时间进度、建设周期完工。

2. 经营期检查内容。

（1）重点防范信贷资金挪用，检查贷款资金流向是否合理、合规。贷款资金不得用于股本权益性投资以及股票、期货、金融衍生产品等投资，检查资金有无以非市场公允行为流向客户的重要关系人。

（2）调查项目流动资金是否按可研报告进度和生产进度及时、足额到位，项目流动资金是否存在缺口。

（3）检查项目是否达到可研报告所述生产能力，销售是否达到预期，销售回款是否正常，分期还款的资金是否能落实。

（4）在检查期间对项目建成后的收入现金流以及借款人的整体现金流进行动态监测，重点检查项目现金净流入是否与授信期限和还款安排相匹配，对现金流量异常的或项目实际运行情况与项目可研报告存在较大差异的，应查明原因，作出正确判断并及时通报。

（5）产品设定了行政部门或股东包销协议的，考察协议执行情况，重点考察政策的连续性情况，还要考察相关法律环境是否变化。

（6）银行贷款约定专门还款准备金账户的，检查账户内是否按约定对固定资产投资项目或借款人的收入现金流进入该账户的比例和账户内的资金平均存量提出要求。

【点评】

银行对固定资产贷款的企业进行经营期检查时，应看其建设完成的固定资产使用情况如何，是否按照原来的承诺发挥经济效益，只有有效益的固定资产建设才能保证银行信贷资金的安全。

3. 其他需要检查的内容。

（1）检查借款人其他业务经营是否正常，财务状况是否健康。

（2）关注借款人近期是否有其他重大事项发生，对于借款人发生并购、重组、重大对外投资、资产或股权转让等影响借款人还款能力的重大事项的，应评估其对银行贷款的影响。

（3）检查贷款期间，借款人所属集团或其紧密关联企业经营是否正常，有无重大事项，评估其对借款人经营和银行贷款的影响。

（4）检查贷款期间借款人和项目发起人的信用状况，关注其他金融机构对其的融资态度变化情况，评估其对借款人和项目运营情况的影响。

（5）检查经营和管理风险。从事特殊行业或须国家有权部门核准许可的行业应提供相应的批准文件、许可文件。考察公司治理结构是否完善、管理层是否稳定等。

（6）对保证人的行业情况、经营管理情况、财务情况进行分析，判断保证人是否继续具有担保能力，能否在第一还款来源违约的情况下及时偿还银行贷款。

（7）关注国内外宏观经济变化和该行业的市场波动情况，评估其对项目建设或项目运营可能带来的影响。

【监管处罚】

×××银监分局行政处罚信息公开表

（××银行×××支行）

<table>
<tr><td colspan="3">行政处罚决定书文号</td><td>××银监罚字〔20××〕第×号</td></tr>
<tr><td rowspan="3">被处罚当事人姓名或名称</td><td colspan="2">个人姓名</td><td></td></tr>
<tr><td rowspan="2">单位</td><td>名称</td><td>××银行×××支行</td></tr>
<tr><td>法定代表人（主要负责人）姓名</td><td>×××</td></tr>
<tr><td colspan="3">主要违法违规事实（案由）</td><td>发放固定资产贷款，应采取受托支付方式而实际未采取</td></tr>
<tr><td colspan="3">行政处罚依据</td><td>《固定资产贷款管理暂行办法》（中国银行业监督管理委员会令〔2009〕第2号）第三十九条第六款、《中华人民共和国银行业监督管理法》第四十六条第五款</td></tr>
<tr><td colspan="3">行政处罚决定</td><td>罚款25万元</td></tr>
<tr><td colspan="3">作出处罚决定的机关名称</td><td>×××银监分局</td></tr>
<tr><td colspan="3">作出处罚决定的日期</td><td>20××年××月××日</td></tr>
</table>

【口诀】

项目融资要稳健，自有资金按比例，

项目建设要紧跟，企业必须做结算。

第十二课　房地产开发贷款授信后检查要点

一、产品定义

房地产开发贷款是指对房地产开发企业发放的用于住房、商业用房和其他房地产开发建设的中长期项目贷款。

【政策依据】

依据为《建设部、国家计委、财政部、国土资源部、人民银行、国家税务局关于加强房地产市场宏观调控促进房地产市场健康发展的若干意见》（建住房〔2002〕217号）、《中国人民银行关于进一步加强房地产信贷业务管理的通知》（银发〔2003〕121号）、《金融违法行为处罚办法》、《贷款通则》（中国人民银行令〔1996〕第2号）。

二、检查要点

房地产贷款授信后检查主要关注贷款资金流向、项目完工情况、项目销售情况以及抵押物状况等方面的内容。

1. 建设期检查内容。

（1）检查银行授信批复的执行情况，批复中要求的各项授信条件是否均已落实。

（2）检查项目资本金比例是否符合国家有关规定，项目资本金是否在银行贷款放款前全部到位并投入项目建设中，是否存在抽逃资本金的行为。

（3）关注银行贷款资金流向，检查借款人是否接受银行的资金监管、对外支付程序是否合规、是否存在资金挪用的行为、资金运行是否做到封闭管理。

（4）贷款资金采用借款人自主支付的，应定期检查借款人的贷款资金支付计划和支付的相关材料是否符合约定用途；单笔金额超过总投资 5%或超过 500 万元的贷款资金采用受托支付的应检查与支付相关的交易背景资料是否符合约定用途。

（5）检查项目其他资金来源能否落实、是否能够按计划到位。

（6）检查项目的工程进度与资金投入进度是否匹配。

（7）检查项目工程进度与计划的匹配度。

（8）检查项目实际投资成本与计划成本之间是否一致，实际成本是否大于计划成本，对项目资本金比例有何影响，超过计划成本的资金是否已落实解决方案。

（9）检查项目施工质量是否符合项目规划要求。

2. 销售期检查内容。

（1）检查是否按计划取得相关销售许可文件（包括预售证）和房屋竣工结顶证明。

（2）检查预售或销售进度、价格是否符合调查报告描述，是高于还是低于计划，如果低于计划，企业是否制定了可行的解决方案。

（3）检查国家政策或区域房地产市场是否出现不利于项目销售的情况，如有，分析对借款人还款能力可能产生的影响。

（4）销售回笼款是否按照封闭贷款要求按比例或全部进入资金监管账户，是否及时用于归还银行贷款或用于项目建设。

（5）按揭贷款比例是否达到银行封闭贷款金额 1∶1（《×××银行住房开发贷款管理办法》要求），达到授信批复中要求的综合收益。

3. 抵押物检查。

（1）检查担保手续是否齐全，是否存在法律争议。

（2）检查是否按照《住房开发贷款管理办法》及时办理土地抵押转在建工程抵押。

（3）检查抵押物解押手续是否符合《住房开发贷款管理办法》要求。

4. 企业基本情况检查内容。

（1）关注企业财务状况，企业是否存在过度负债或资金短缺的情况。

（2）关注企业其他项目的进展情况，企业其他项目是否按照计划进行，对企业资金是否存在负面影响。

（3）关注企业近期发展计划，企业近期是否有大规模的项目投资计划，资金来源能否落实。

【点评】

对大型开发商和中小型开发商要采取不同的信贷策略。

大型开发商的实力强大，发债贷款等融资渠道畅通。银行提供开发贷款，一般很难实现全封闭，通常借款人不会答应操作开发贷款封闭。银行采取监管部分按揭资金、开发贷款资金受托支付即可。

中小型开发商基本没有发债的渠道，自身资金实力弱，开发贷款的还款来源主要是按揭贷款。银行必须操作封闭开发贷款，捆绑按揭贷款，开发贷款才会安全。

【总结 - 五证两书】

五证：《国有土地使用证》
《建设用地规划许可证》
《建设工程规划许可证》
《建筑工程施工许可证》
《预售许可证》
《销售许可证》

两书：《住宅质量保证书》
《住宅使用说明书》

【监管处罚】

监管处罚一　中国银监会××监管分局行政处罚信息公开表
（××银监处罚〔20××〕×号）

（×××农村信用合作联社）

<table>
<tr><td colspan="3">行政处罚决定书文号</td><td>××银监处罚〔20××〕×号</td></tr>
<tr><td rowspan="3">被处罚当事人姓名或名称</td><td colspan="2">个人姓名</td><td></td></tr>
<tr><td rowspan="2">单位</td><td>名称</td><td>××农村信用合作联社</td></tr>
<tr><td>法定代表人（主要负责人）姓名</td><td>×××</td></tr>
<tr><td colspan="3">主要违法违规事实（案由）</td><td>发放虚假的住房按揭贷款；向借款人超额发放个人住房贷款</td></tr>
<tr><td colspan="3">行政处罚依据</td><td>《中华人民共和国银行业监督管理法》第二十一条、第四十六条，《中华人民共和国商业银行法》第三十五条，《个人贷款管理暂行办法》第十三条、第十四条、第三十五条，《关于完善差别化住房信贷政策有关问题的通知》（银发〔2010〕275号），《中国银行业监督管理委员会行政处罚办法》第十五条</td></tr>
<tr><td colspan="3">行政处罚决定</td><td>罚款35万元</td></tr>
<tr><td colspan="3">作出处罚决定的机关名称</td><td>中国银监会××监管分局</td></tr>
<tr><td colspan="3">作出处罚决定的日期</td><td>20××年××月××日</td></tr>
</table>

监管处罚二　中国银监会××监管分局行政处罚信息公开表
（××银监处罚〔20××〕×号）

（中国××银行××市分行）

<table>
<tr><td colspan="3">行政处罚决定书文号</td><td>××银监处罚〔20××〕×号</td></tr>
<tr><td rowspan="3">被处罚当事人姓名或名称</td><td colspan="2">个人姓名</td><td></td></tr>
<tr><td rowspan="2">单位</td><td>名称</td><td>中国××银行××市分行</td></tr>
<tr><td>法定代表人（主要负责人）姓名</td><td>×××</td></tr>
</table>

续表

主要违法违规事实（案由）	对所有者权益不足项目总投资30%的房开企业发放住房开发贷款，对“四证”不齐的房开企业发放住房开发贷款，对不符合个人住房家居、个人住房装修、个人商用房（含二手房）贷款条件的借款人发放贷款
行政处罚依据	《中华人民共和国商业银行法》第七十五条
行政处罚决定	罚款15万元
作出处罚决定的机关名称	中国银监会××监管分局
作出处罚决定的日期	20××年××月××日

监管处罚三　中国银监会××监管分局行政处罚信息公开表（××银监处罚〔20××〕×号）

（×××农村信用合作社联合社）

<table>
<tr><td colspan="3">行政处罚决定书文号</td><td>××银监处罚〔20××〕×号</td></tr>
<tr><td rowspan="3">被处罚当事人姓名或名称</td><td colspan="2">个人姓名</td><td></td></tr>
<tr><td rowspan="2">单位</td><td>名称</td><td>×××农村信用合作社联合社</td></tr>
<tr><td>法定代表人（主要负责人）姓名</td><td>×××</td></tr>
<tr><td colspan="3">主要违法违规事实（案由）</td><td>对“四证”不全房地产企业发放贷款；贷款被企业移用于支付土地出让金；贷款被企业转为注册资金使用</td></tr>
<tr><td colspan="3">行政处罚依据</td><td>《建设部、国家计委、财政部、国土资源部、人民银行、国家税务局关于加强房地产市场宏观调控促进房地产市场健康发展的若干意见》（建住房〔2002〕217号）第七条，《中国人民银行关于进一步加强房地产信贷业务管理的通知》（银发〔2003〕121号）第二条，《金融违法行为处罚办法》第十六条，《贷款通则》（中国人民银行令〔1996〕第2号）第二十七条、第三十一条、第六十五条</td></tr>
</table>

续表

行政处罚决定	警告、罚款 10 万元
作出处罚决定的机关名称	中国银监会××监管分局
作出处罚决定的日期	20××年××月××日

【口诀】

开发贷款选对象，百强企业为最佳，
发放贷款要封闭，按揭封闭还开发。

第十三课　园区开发贷款授信后检查要点

一、园区开发贷款授信后检查要点

园区开发贷款的主要还款来源为园区土地出让收入及税收留成，故园区开发贷款的授信后检查主要关注影响借款人土地出让收入及税收的因素。

二、项目情况检查内容

1. 检查银行授信批复的执行情况，批复中要求的各项授信条件是否均已落实。

2. 检查授信项目资本金比例是否符合国家有关规定，项目资本金是否于银行贷款放款前按比例或全部到位并投入到项目建设中去，其他自有资金来源是否按约定到位。

3. 检查是否存在抽逃资本金行为，一旦发现，立即冻结账户、冻结剩余额度，同时书面通知企业并要求整改。

4. 判断授信项目贷款资金投放是否与客户资本金、自有资金到位比例和进度相匹配，借款人是否优先使用项目资本金和自有资金。

5. 检查贷款资金的实际用途是否符合贷款资金支付计划或借款合同的约定并合规。贷款资金采用借款人自主支付的，应定期检查借款人的贷款资金支付计划和贷款实际支付的相关材料是否符合约定用途；单笔金额超过总投资 5% 或超过 500 万元的贷款资金采用受托支付的应检查与贷款支付相关的交易背景资料是否符合约定用途。

6. 关注项目能否按期完工。

三、土地出让收入情况检查内容

1. 检查土地出让面积、价格、实际到位资金与年初计划、预期情况是否存在较大差异。

2. 检查地区房地产市场或金融环境是否出现明显影响土地出让的因素，判断对土地出让的影响是负面的还是利好的。

3. 分析国家或地区土地政策的相应变化所产生的有关影响。

四、园区税收情况检查内容

1. 检查园区的税收增长情况是否达到预期目标。

2. 检查园区税收留成政策是否发生变化，对借款人的税收影响如何。

3. 检查园区的招商引资情况是否达到预期目标。

4. 检查园区是否具有新的税收增长点，新增长点的可靠性如何。

5. 关注园区所属地区经济发展情况包括当地 GDP 水平、财政总收入、一般预算收入、可支配财力、财政长短期负债数额及上述各项数据的变动趋势，判断园区所在地行政部门财政的债务率、偿债率和负债率是否在警戒线内。

五、企业基本情况检查内容

1. 关注企业财务状况，企业是否存在过度负债或资金短缺的情况。

2. 关注企业其他项目的进展情况，企业其他项目是否按照计划进行，对企业资金是否存在负面影响。

3. 关注企业近期发展计划，企业近期是否有大规模的项目投资计划，资金来源能否落实。

六、政策依据

依据财政部《国家级经济技术开发区　国家级边境经济合作区等基础设施项目贷款中央财政贴息资金管理办法》的相关规定。

本办法所称国家级经济技术开发区、国家级边境经济合作区等开发区（以下简称开发区）包括经国务院批准设立的中西部地区和东北老工业基地的国家级边境经济合作区、国家级经济技术开发区，苏州工业园区，中新天津生态城，重庆两江新区，兰州新区，郑州航空港经济综合实验区，“黄河善谷”。

基础设施项目贷款是指上述开发区内公共基础设施项目建设使用的各类银行提供的基本建设项目贷款以及中长期债券资金（包括地方行政部门债券、企业债、公司债、中期票据等）用于基础设施建设的部分。

第四条　本办法所称基础设施项目包括：

（一）开发区内道路、桥涵、隧道等项目。

（二）开发区内污水、生活垃圾处理等生态环境保护项目。

（三）开发区内供电、供热、供气、供水及通信网络等基础设施项目。

（四）开发区内为中小企业创业、自主创新提供场所服务和技术服务的孵化器、公共技术支撑平台建设，以及为服务外包、物联网企业提供场所服务和技术服务的公共基础设施项目。

（五）开发区内为集约利用土地，节约资源，服务中小企业，统一修建的标准厂房项目。

（六）开发区内为节约能源，集中实施的能量系统优化工程、余热余压利用工程、绿色照明工程等重点节能工程项目。

（七）开发区内教育、文化、卫生等社会事业发展基础设施项目。

【口诀】

园区贷款看项目，重点项目要支持，
按揭贷款要提供，配套招商荐客户。

第十四课　银团贷款授信后检查要点

一、产品定义

根据我国法律规定，银团贷款是指由两家或两家以上银行基于相同贷款条件，依据同一贷款协议，按约定时间和比例，通过代理行向借款人提供的本外币贷款或授信业务。

【政策依据】

依据《银团贷款业务指引》（银监发〔2011〕85号）和中国银行业协会于2015年8月27日发布的《银团贷款中间业务收费行为自律公约》的相关规定。

二、检查要点

1. 借款人及保证人的经营情况检查要点。

（1）分析借款人的财务状况，特别是贷款期间发生的企业并购、股权分红、对外投资、资产转让、债务重组等影响借款人还款能力的重大事项时。

（2）对保证人的经营管理情况、财务情况进行分析，判断保证人是否继续具有担保能力，能否在第一还款来源违约的情况下及时偿还银行贷款。

（3）对银团贷款抵（质）押品定期进行检查，进一步确认银行对抵（质）押物的法律效力和控制能力，确认抵（质）押物价值是否发生贬值或变现能力下降导致抵偿能力不足，分析抵（质）押物变现的难易程度。

2. 对银团贷款的操作情况进行跟踪检查要点。

（1）检查是否按照银行授信后管理的有关规定，跟踪了解项目的进展情况，及时发现银团贷款可能出现的问题；检查银行是否严格按照贷款的约定，及时足额划付贷款款项，按照贷款合同履行职责和义务。

（2）检查授信批复条件是否落实，其他授信要求是否做到，分析可能对银行授信的影响；检查银团贷款授信档案材料是否齐全，贷款的相关材料如牵头行发出的参团邀请函、贷款信息备忘录、贷款条件清单、银团贷款协议等。

（3）银行作为代理行，负责银团贷款贷后管理和贷款使用的监督检查，应开设专项账户，对资金的变动情况进行逐笔登记；如果贷款品种为项目融资贷款或固定资产贷款则应按照有关规定进行相应的检查；了解贷款资金归集和使用情况，监督借款人按规定的用途使用贷款资金，如发现异常情况应及时通知各成员行；如是参加行，应了解掌握借款人的日常经营与信用状况的变化情况，对发现的异常情况应及时通报代理行。

（4）检查银团贷款存续期间牵头行或代理行是否按规定定期召开银团会议，或由1/3以上的银团贷款成员共同提议召开，讨论、协商银团贷款管理中的重大问题。

（5）检查贷款到期后，借款人是否按期如数归还贷款本息。借款人提前还款的，应至少在60个工作日通知代理行，并在征得银团贷款成员同意后，根据银团贷款协议所列的相关贷款余额的到期次序，按后到期先还的原则提前偿还各期本金。对借款人提前还款的，检查银行是否按银团协议约定收取一定的违约金。

（6）检查银团贷款出现风险时，代理行是否负责及时召开银团会议，成立银行债权委员会，对贷款进行清收、保全、重组和处置。必要时申请仲裁或向人民法院提起诉讼。

检查银行在办理银团贷款业务过程中有无发现借款人有下列违约行为：所提供的有关文件被证实无效；未能履行和遵守贷款协议所约定的义务；未能按贷款协议规定支付利息和本金；以假破产等方式逃废银行债务；其他违反金融法规的行为。

发现并经指正不改的，检查是否召开银团会议追究其违约责任，并以书面形式通知借款人及其保证人。

银行转让贷款的，检查是否提前通知借款人和代理行。如果银团贷款协议中约定必须经借款人同意的，检查是否事先征得借款人同意。检查银团贷款的受让方是否是经银行业监督管理机构批准有权经营贷款业务的银行业金融机构。

【案例解析】

银团贷款的风险

某银行曾经参加银团给×××新加坡公司提供金额较大的银团贷款，牵头行为一家外资银行。

银行没有注意这笔银团贷款的致命条款——牵头行可以将贷款份额全部转让。在这笔贷款发放5个月后，这家外资银行将其持有的大约1亿美元的贷款份额全部转给了中资银行。结果×××新加坡公司破产倒闭，给中资银行造成无可挽回的贷款损失。

这个案例警示银行——对于银团贷款，尽量不参加不熟悉的项目。如果参加银团，贷款客户一定是本行的客户，且对借款人一定要熟悉，不要以为牵头行属于大型银行，风控能力就佳。

【口诀】

银团贷款要谨慎，自己调查最重要，
牵头银行要可靠，借款项目要结算。

第十五课 出口信用证押汇授信后检查要点

一、产品特点

出口信用证押汇是银行接受客户的申请，对客户提交的不可撤销信用证及其项下单据进行审核，在符合银行相关规定的条件下，由银行所提供的在未收妥国外银行付款前的短期融资。

出口信用证押汇融资期限需与信用证的收汇条件相匹配，一般为30天以内，可根据预计所需要的收款时间做适当调整，原则上不超过90天。

二、检查要点

1. 检查单证是否相符，避免不合格出口信用证押汇占用授信额度。
2. 押汇期限是否合理。
3. 申请人在其他银行存款、贷款及对外担保的变化情况。
4. 合格信用证押汇项下是否有代理行额度或代理行额度是否充足。
5. 出口信用证的开证行必须是大型银行，或者经过大型银行保兑。

【点评】

出口信用证押汇其实就是依托出口信用证作为风险控制手段，在单证相符的情况下，对出口方提供的短期周转融资，依靠信用证开证行兑付信用证来偿还贷款。

【业务流程】

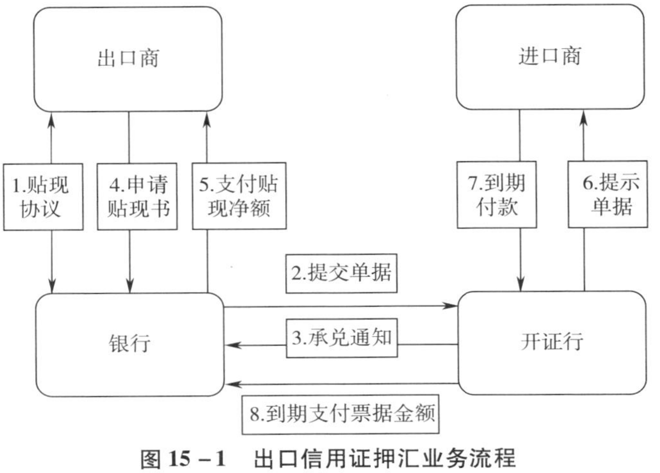

图 15－1　出口信用证押汇业务流程

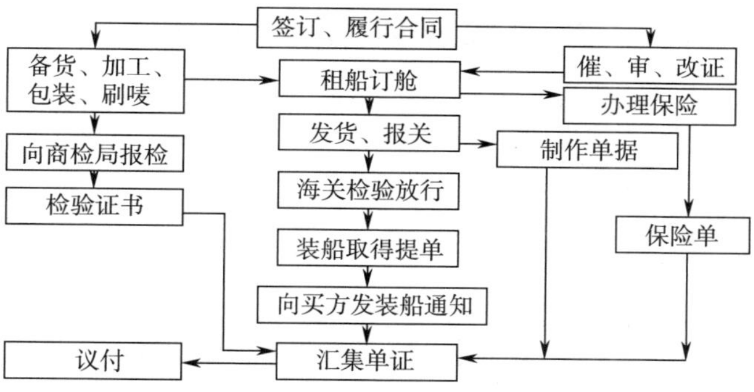

图 15－2　货物出口操作流程

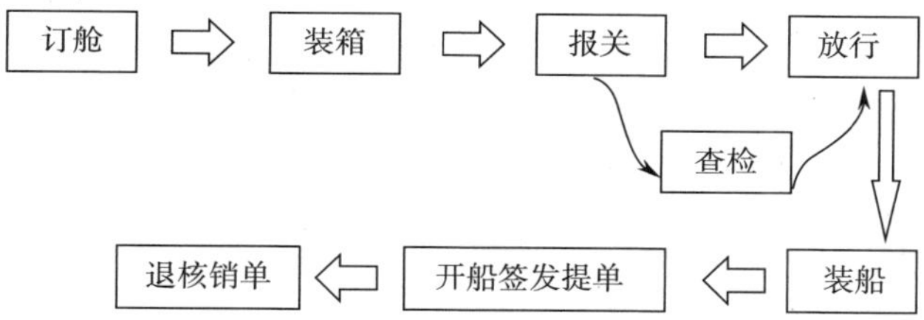

图 15－3　货物出口报关流程

【口诀】

出口收证要谨慎，开证必须是大行，

押汇必须看单据，押汇用途要控制。

第十六课　出口信用证贴现授信后检查要点

一、产品定义

出口信用证贴现是指银行对于开证行或保兑行已承诺付款的信用证项下的远期票据或债权，在其到期前有追索权买入的融资。

二、检查要点

1. 检查开证行或保兑行的信誉是否良好。

（1）检查合格出口信用证贴现项下是否已收到不可撤销远期信用证的承兑/确认电（函）。

（2）检查合格出口信用证贴现项下是否有承兑行额度或额度是否充足。

2. 出口信用证的风险度与开证行有关，因此出口信用证必须为大型银行签发，由大型银行承兑。

【业务流程】

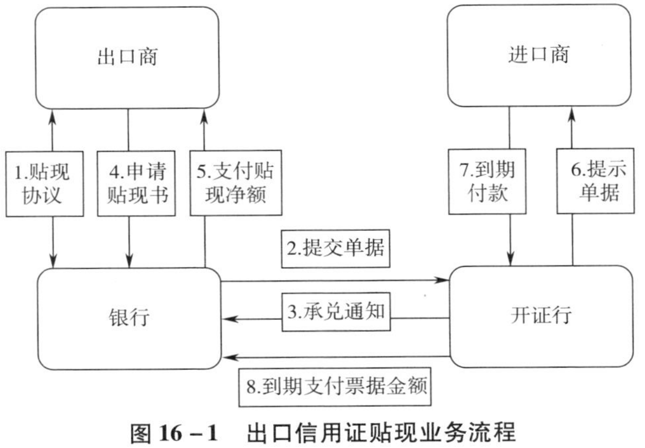

图 16－1　出口信用证贴现业务流程

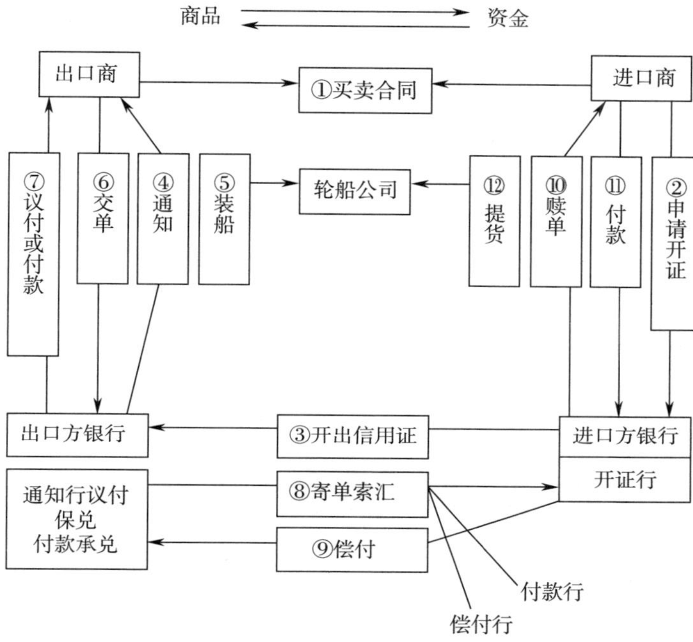

图 16 – 2　出口信用证贴现业务操作流程

第十七课　汇入汇款押汇授信后检查要点

一、产品定义

汇入汇款押汇是指在客户与境外进口商签订的贸易合同（订单）中约定采取赊销作为出口结算方式的条件下，当客户发运货物并出具以进口商为抬头的商业发票后，在收到进口商的全额货款前，由银行提供的一定比例的贸易融资。

二、检查要点

1. 融资比例原则上不超过扣除预付账款及定金后的出口商业发票金额的 80%。

2. 检查商业发票或出口合同上是否要求进口商将款项付至出口商在银行指定的账户。

3. 检查档案中是否有已盖海关验讫章的出口核销单或报关单，或客户是否承诺在融资到期日前将该单据提交银行。

4. 检查单据是否单单一致。

第十八课　出口信保融资授信后检查要点

一、产品定义

出口信保融资是指出口商投保了中国出口信用保险公司的出口信用险，发运货物后，将保险赔款权益转让给银行，由银行按票面金额扣除利息及有关费用，将净额先支付给出口商的一种短期融资方式。融资款项可结汇，与正常收汇相比，提前锁定汇率，规避汇率风险。

二、检查要点

1. 检查出口商是否已提交中信保公司出具的《短期出口信用保险承保情况通知书》，每次融资前是否已提交中信保公司出具的对特定开证行/保兑行及/或进口商的《信用限额审批单》，每次融资额度是否在中信保承保的信用限额之内。

2. 检查出口商是否交纳了保费，是否提交保费发票副本。

3. 检查融资期限是否与合同或信用证匹配，出口 T/T 押汇项下回款是否由进口商付至出口商开立在银行的结算账户上。

第十九课　进口开证授信后检查要点

一、产品特点

信用证是指开证银行应申请人的要求并按其指示向第三方开立的载有一定金额的，在一定期限内凭符合规定的单据付款的书面保证文件。

信用证支付方式有以下特点：

1. 开证行承担第一位的而且是独立的付款责任。

2. 信用证是一项自足文件。信用证虽然是根据买卖合同开立的，但信用证一经开出，就成为独立于买卖合同以外的一项约定。

3. 信用证是一种单据买卖，各有关当事人处理的是单据，而不是货物、服务和/或其他行为。银行只关注单证、单单之间是否相符。

二、检查要点

银行开出信用证后，应及时登记台账，按月对开证申请人的资金流向、到期支付能力及担保等情况进行跟踪检查，检查的主要内容如下：

1. 检查保证金比例是否符合授信批复要求，是否有违规划出现象。

2. 对开证申请人的商品交易行为进行跟踪，检查实际交易与商品交易合同是否有出入。

3. 检查信用证项下的商品交易是否确已履行，贸易背景是否真实，有无套取银行信用资金的行为；有无企图逃避到期承付信用证款项的行为。

4. 检查开证申请人在开证银行和其他银行存贷款及对外担保的变化情况。

5. 加强对大宗商品进口开证及融资业务的授信后管理，包括大宗商品是否落实买家，监控销售款项及时还贷，对远期证要防止资金挪用。

【口诀】

进口开证属授信，进口企业信用佳，
开证必须对合同，及时做好贷后事。

第二十课　进口信用证押汇授信后检查要点

一、产品特点

进口信用证押汇是指银行作为开证行在收到信用证项下单据后，根据与开证申请人签订的贸易融资协议，先行对外付款并放单给开证申请人的一种资金融通，其实质是开证行对开证申请人的一种短期贷款。

进口信用证押汇的期限：即期信用证项下自提供融资之日起至还款日止的期限原则上不超过 90 天；远期信用证项下远期付款期限与融资期限之和原则上不超过 90 天。

进口信用证押汇有如下特点：

1. 期限短。
2. 开证申请人须向银行出具押汇申请书，银行凭此代客户付款。

二、检查要点

1. 检查押汇期限是否符合银行要求。
2. 关注银行放单后，进口商品的处置情况及市场行情，监控销售款项及时还贷。
3. 检查有无套取银行信用资金的行为，有无企图逃避到期归还押汇款项的行为。
4. 关注进口证押汇申请人在开证银行和其他银行存款、贷款及对外担保的变化情况。

【点评】

进口信用证押汇属于定向用于解付进口信用证的特定流动资金贷款，必须考虑一定的担保抵押等风险控制手段，否则风险极大。

【业务流程】

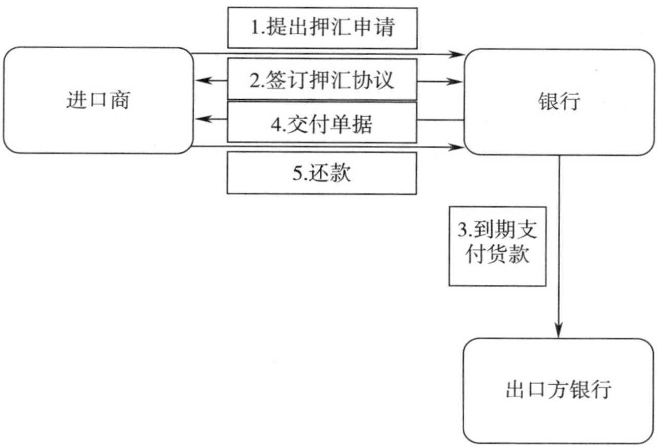

图 20－1 进口信用证押汇业务流程

【口诀】

进口开证助进口，押汇用于付开证，

放单之前要担保，放单之后要回款。

第二十一课　进口代收押汇授信后检查要点

一、产品定义

进口代收押汇是指银行作为代收行在收到托收项下单据后，先行对外付款并放单给进口商的一种资金融通，其实质是代收行对进口商的一种短期贷款。

二、检查要点

1. 进口代收押汇仅限于即期付款交单（D/P）项下的托收单据。

2. 开证申请人须向银行出具押汇申请书，银行凭此代客户付款。

3. 关注银行放单后进口商品的处置情况及市场行情，监控销售款项及时还贷。

4. 检查有无套取银行信用资金的行为，有无企图逃避到期归还押汇款项的行为。

5. 关注进口代收押汇申请人在开证银行和其他银行存款、贷款及对外担保的变化情况。

第二十二课　汇出汇款押汇授信后检查要点

一、产品定义

汇出汇款押汇是指为履行以汇出汇款为结算方式的进口贸易合同项下的付款义务，进口商向银行申请融资便利，由银行代为对外支付部分/全部款项的业务。汇出汇款押汇业务是针对进口商进口贸易的短期贷款。

二、检查要点

1. 汇出汇款押汇业务仅限于货到付款项下的汇出汇款业务。

2. 即期汇出汇款押汇的期限原则上最长不得超过 90 天，远期付款期限与融资期限之和不超过 90 天。同时应考虑业务周期特点，以二者孰短为原则。

3. 关注银行放单后进口商品的处置情况及市场行情，监控销售款项及时还贷。

4. 检查有无套取银行信用资金的行为，有无企图逃避到期归还押汇款项的行为。

5. 关注汇出汇款押汇申请人在开证银行和其他银行存款、贷款及对外担保的变化情况。

第二十三课　国内信用证开证授信后检查要点

一、产品定义

国内信用证是指开证行依照申请人的申请开出的，凭符合信用证条款的单据支付的付款承诺。国内信用证为不可撤销、不可转让的跟单信用证，只限于转账结算，不得支取现金，必须以人民币计价。

【政策依据】

依据《国内信用证结算办法》（中国人民银行　中国银行业监督管理委员会公告〔2016〕第 10 号）的相关规定。

【点评】

国内信用证与银行承兑汇票比较如下：

国内信用证	银行承兑汇票
必须有贸易背景	必须有贸易背景
开证必须有合同及发票	开立银票需要合同及发票
有条件付款承诺	无条件付款承诺
不可以背书转让	可以背书转让
可以议付及福费廷	可以贴现及转贴现

二、检查要点

1. 检查保证金比例是否符合授信批复要求，是否有违规划出现象。

2. 检查交易的商品是否符合国内信用证的要求，是否容易产生纠纷。

3. 检查信用证项下的商品交易是否确已履行，贸易背景是否真实，有无套取银行信用资金的行为，有无企图逃避到期承付信用证款项的行为。

4. 关注开证申请人在开证银行和其他银行存款、贷款及对外担保的变化情况。

5. 加强对大宗商品开证及融资业务的授信后管理，关注大宗商品是否落实买家，监控销售款项及时还贷，对远期证要防止资金挪用。

三、产品介绍

1. 检查重点及检查结果。

（1）申请和受理。均有真实的贸易背景和交易关系；申请人有授信额度或缴纳了相应保证金；所有行外业务相关行均与银行签订合作协议；申请人的信用状况符合授信要求。

（2）开立与修改。超权限业务均报至总行审核；开出的信用证与通知行进行证实；所有开立的信用证均通过复核审批；信用证修改均通过审批和证实，收到的信用证或信用证修改书通知要素齐全。

（3）委托收款。办理委托收款时，收到的单据与信用证所要求的相符。

（4）融资管理。议付和买方押汇、卖方押汇超权限审批均上报总行；融资利率管理符合要求；融资业务背景审核真实有效；增值税发票管理符合要求。

（5）后期管理。业务发生风险时，相关部门及时介入进行风险处置；发生垫款时均已及时上报总行和风险条线。

（6）合规管理。未越权办理业务；无违规收费；未对符合信用证条款的单据无理拒付、拖延付款。

2. 风险控制的关注重点。

（1）贸易背景。

①国内证交易背景把握要点及加强背景真实性的审核手段。合同不应为不正当关联交易或融资性交易；所交易商品应在买卖双方营业执照所规定的经营范围之内；交易金额应与企业的经营规模相匹配；交易单价应不背离市场价格；合同应不存在重复使用的现象；结算方式应在合同中有所规定；应审核增值税发票的真伪，避免重复使用，确保覆盖开证金额，并与信用证及合同内容相符。

②早于信用证开立日 1 个月前的如何把握背景真实性。除上述要点之外，支行和客户应额外出具书面说明告知原因，除相应基础交易合同外还应要求企业提交相关辅助单据用以证明贸易背景的真实性。

（2）增值税发票。

①细化增值税发票管理。支行在融资放款前应审核增值税发票的完整性、发票与合同内容的一致性、定价是否符合市场行情，确保发票融资盖章，据实填写《贸易融资业务项下发票校验承诺函》；融资放款后应在贷后管理过程中对部分增值税发票的认证进行复查并报送复查结果。

银行应严格遵照授信批复和信用证审单原则，对增值税发票进行表面真实性审核；贷后应加强平行作业力度，定期收集支行增值税发票复查结果。

②对增值税发票进行联网核查及进行批注。应不定期开展增值税发票专项检查，分为现场与非现场两种：现场抽查应由产品经理会同支行业务经办到买卖双方所在地进行内部账核实和发票抽查，并在开票人金税系统中查阅发票真伪和状态；非现场检查应由客户提交发票真实性确认结果。增值税专用发票应提交税务局发票认证清单；增值税普通发票应由客户经理会同客户前往税务局查验后，逐笔对应增值税普票真实性确认书并留存贷后业务档案卷宗中备查。

3. 贸易背景审核。

（1）银行对国内证的开证资料均按总行管理办法的要求进行审核，审核要点如下：

①审查合同是否由交易双方签章确认，是否约定以国内证作为结算方式。

②审查交易双方是否为关联交易。如为关联交易，审查是否具有真实的交易基础，比如可查看过往发票/合同审核交易是否具有长期性，关联交易中的一方是否为集团内专门的贸易平台公司。

③不接受发票日期早于信用证开立日期1个月以上的发票。对于发票日期早于开立日期1个月内的发票，如果网上查询发票真实可靠，其交易基本可靠，但无法确认该发票是否已在他行办理融资。

（2）关于增值税发票。

由于货物收据由交易双方签署，无法准确判断货物何时交付，因此，增值税发票的真实性审核尤其重要。交单时必须提交增值税发票正本，由银行贸金部操作人员通过网上查询发票信息，核实其真实性。在完成融资后，立刻对增值税发票正本进行批注并复印留底。

（3）银行针对国内证交易背景把握要点。

①要求客户提供正本合同、正本发票和正本运输单据。

②早于信用证开证日期前1个月的发票不接受。

（4）银行针对增值税发票把握要点。

①银行针对银行提供融资的发票正本全部进行批注，防止客户重复融资。

②银行对发票没有进行联网核查，考虑到发票份数较多的现状，银行

在今后的业务中将对发票按照比例进行联网核查，建议客户经理进行贷后检查时对发票进行再次联网核查，防止客户融资后注销发票的行为。

【监管处罚】

监管处罚一　中国银监会××监管分局行政处罚信息公开表
（××银监处罚〔20××〕×号）

（×××银行股份有限公司××支行）

<table>
<tr><td colspan="3">行政处罚决定书文号</td><td>××银监处罚〔20××〕×号</td></tr>
<tr><td rowspan="3">被处罚当事人姓名或名称</td><td colspan="2">个人姓名</td><td></td></tr>
<tr><td rowspan="2">单位</td><td>名称</td><td>×××银行股份有限公司××支行</td></tr>
<tr><td>法定代表人（主要负责人）姓名</td><td>×××</td></tr>
<tr><td colspan="3">主要违法违规事实（案由）</td><td>贷款资金回流并转入关联企业后转存定期存款，用于关联企业开立国内信用证质押</td></tr>
<tr><td colspan="3">行政处罚依据</td><td>《中华人民共和国银行业监督管理法》第二十一条、第四十六条，《人民币单位存款管理办法》（银发〔1997〕485 号）第七条，《商业银行内部控制指引》（中国银行业监督管理委员会令 2007 年第 6 号）第四十八条</td></tr>
<tr><td colspan="3">行政处罚决定</td><td>罚款 20 万元</td></tr>
<tr><td colspan="3">作出处罚决定的机关名称</td><td>中国银监会××监管分局</td></tr>
<tr><td colspan="3">作出处罚决定的日期</td><td>20××年××月××日</td></tr>
</table>

监管处罚二　行政处罚决定书
××银监处罚〔20××〕×号

单位名称：中国××银行股份有限公司××省分行

地址：××××

根据《中华人民共和国商业银行法》《中华人民共和国行政处罚法》等有关法律法规，我局对你分行违规开展同业存款业务、办理无真实贸易背景国内信用证等两项违规行为进行了立案调查、审理，并依法向你分行告知了作出行政处罚的事实、理由、依据及你分行依法享有的权利。现已调查、审理终结。

经查明，你分行存在以下违规行为：

一、违规开展同业存款业务

截至20××年12月31日，你分行单位保证金存款和单位存款账户中，共有23户、41笔存款为同业存款。

你分行上述做法违反了《关于规范金融机构同业业务的通知》第一条、第三条和第九条的规定。

二、办理无真实贸易背景的国内信用证

20××年7月16日、9月12日，你分行南京××支行分别为南京××有限公司开立3笔国内信用证。通过查询国税局网站发现，受益人议付提供的16张增值税发票金额与国税局网站显示的查询结果不符，均为变造发票。

你分行上述做法违反了《中国银监会关于印发商业银行表外业务风险管理指引的通知》第三条、第十一条的规定。

根据《中华人民共和国银行业监督管理法》第四十六条的规定，决定对你分行上述两项违规行为作出以下行政处罚：

（一）对你分行违规开展同业存款业务的行为作出罚款人民币50万元的行政处罚；

（二）对你分行违规办理无真实贸易背景的国内信用证的行为作出罚款人民币30万元的行政处罚。

针对上述两项违规行为，决定对你分行共计罚款人民币80万元。

你分行应自收到本处罚决定之日起15日内，将罚款汇至中国银行业监督管理委员会财务会计部（中央财政汇缴专户），开户银行：中国××银行××××支行；账号：7508018800002××××。

如不服本行政处罚决定，可以在收到本处罚决定书之日起60日内向中国银行业监督管理委员会申请行政复议，也可以在收到本处罚决定书之日起6个月内向有管辖权的人民法院提起诉讼。复议期间本决定不停止执行。逾期不履行本决定的，我局将采取以下措施：

（一）每日按罚款数额的3%加处罚款；

（二）申请人民法院强制执行。

20××年××月××日

第二十四课 国内信用证项下买方押汇授信后检查要点

一、产品定义

国内信用证项下买方押汇是指开证行在收到信用证项下单据后，根据与买方签订的相关协议，先行付款并放单给买方的一种资金融通，其实质是开证行对买方的一种短期贷款。

买方押汇仅限于其申请在本行开立的即期跟单信用证项下办理。买方押汇的期限为从银行提供融资时起至还款日止，一般不超过 90 天。

二、检查要点

1. 检查买方信用是否良好，在银行交易结算是否正常。
2. 检查押汇后跟踪交易项下的商品是否在规定期限内运达买方。
3. 因国内信用证项下无物权凭证，要检查商品所有权是否转移到买方。
4. 检查是否为关联企业交易，是否套取银行信用。
5. 检查是否在国内信用证的敞口范围内提供贷款押汇。

【点评】

许多银行工作人员认为，国内信用证的风险要小于银行承兑汇票，其实不然，国内信用证的风险和银行承兑汇票一致，都属于企业在获得授信额度后的用信方式。所以，企业申请国内信用证买方押汇授信，银行仍必须严格审核企业的实力，判断企业是否值得提供授信额度。

第二十五课　国内信用证项下卖方押汇授信后检查要点

一、产品定义

国内信用证项下卖方押汇是卖方银行保留追索权的一种短期资金融通方式，即卖方银行应客户申请，对客户提交的国内信用证及其项下单据进行审核并确定符合押汇条件后，由卖方银行在未收妥开证行支付的款项前向卖方提供的融资。

二、检查要点

1. 检查卖方信用是否良好，在银行日常结算是否正常。

2. 关注押汇后资金流向，检查是否为关联企业交易，是否套取银行信用。

3. 检查实际贸易背景是否真实。

4. 关注卖方前期使用国内信用证的结算记录，如果记录良好，则风险较低。

第二十六课　国内信用证议付授信后检查要点

一、产品定义

国内信用证议付是指议付行在单证相符、单单相符的情况下，扣除议付利息后向受益人给付对价的行为。国内信用证议付开证行为系统内银行或同业授信额度充足的代理行。

二、检查要点

1. 检查实际贸易背景是否真实。

2. 关注议付后资金流向，检查是否为关联企业交易，是否套取银行信用。

3. 检查卖方信用是否良好，在银行日常结算是否正常。

4. 检查交单的单据是否与信用证相符。

5. 关注是否必须获得开证行书面确认电子文件。

【点评】

国内信用证议付和银行承兑汇票贴现都属于低风险业务，基本检查内容是一样的，都必须有贸易背景做支撑。

很多客户经理熟悉银行承兑汇票贴现业务，而不熟悉国内信用证议付业务，其实两者没有明显区别。

国内信用证风险顺序：

卖方打包贷款风险最大，类同于流动资金贷款；卖方押汇风险大，类同于订单贷款；卖方议付风险最小，等同于银行承兑汇票贴现。

第二十七课　货权质押授信后检查要点

一、产品定义

货权质押业务是指银行以企业法人自有动产或货权为质押的，以贸易融资、一般流动资金贷款、银行承兑汇票、商业承兑汇票保贴等各种形式发放的，用于满足企业物流或生产领域配套流动资金需求的表内外授信业务。

【政策依据】

依据《民法典》的相关规定。

二、检查要点

货权质押业务因操作性强，必须加强货押业务项下的过程管理，防范操作风险。应当两周做一次实地盘库，查看企业库存。

1. 对办理货押业务客户的检查。

（1）贸易企业。要求进销渠道通畅稳定，行业经验两年以上，无不良资信记录，或者该企业为银行认可的核心生产厂商的分销商；专业进出口公司须无逃套汇、骗税走私等不良资信记录。

（2）生产加工企业。要求连续经营两年以上，生产经营正常，主导产品销售顺利，应收账款周转速度和存货周转率不低于行业平均水平，无不良资信记录，或者该企业为银行认可的核心生产厂商的配套厂家。

2. 对质押业务项下的动产、仓单、提单的检查。

（1）要求出质人拥有完整、合法、有效的所有权。

（2）无其他抵押、质押行为。

（3）仓单、提单等物权凭证，存货人或提货人必须为出质人，提货单须以银行为提货人或收货人。

（4）要求不存在产权或其他法律纠纷。

（5）检查出质人将出质仓单、提单移交银行后经办行是否按银行抵（质）押管理办法规定指定专人接收、登记、保管。

3. 对质押货物的相关检查。

（1）检查质押货物价格确定是否符合银行要求；关注货押中心的盯市记录。

（2）以动产为质押物的，应当对实物进行实地核实，采用物权单据等合理方式确认出质人是否为货物唯一的所有权人；以仓单、提单等物权凭证为质物的，应当按货押业务规定对物权凭证进行实地查询，确认物权凭证的真实性、有效性、唯一性和合法性。

（3）检查质押货物出入库台账登记情况是否与实际相符，质押率是否符合要求，提货出仓时手续是否齐全。

（4）关注质押货物保管情况、核库查库执行情况、跌价补偿是否严格按照银行规定。

（5）检查质押货物是否按货押方案或批复规定办理了保险，保险期限是否比对应授信业务到期日多 3 个月。

（6）质押货物质量难以认定或容易变化的，经营机构应委托具有公信力的质检机构对质押货物的质量进行抽检，每月质量检查的次数不得低于 1 次。

三、商品融资业务

1. 检查范围及对象。抽查未结清货押业务的业务卷宗、盯市记录、库存台账及系统录入信息。

2. 检查重点及检查结果。

（1）对于质押物的价值，需每日盯市，并与出质价格进行对比。

（2）对于质押物的货物周转情况，按照商品融资业务方案审批批复中明确的货物周转的期限要求，统计分析客户出质的货物或被控制发货（提货）权的货物在指定期间内，其出库或发货（提货）的价值均已达到对应融资的最低应出质价值或控货值，并调查没有达到最低应出质价值或控货值的原因。

（3）对于质押物的监管，需落实核查库的管理，按照商品融资业务方案及授信审批批复中明确的质押物监管要求，质押物在监管过程中的数量、质量、进出库管理均符合银行要求并填写查库通知书。

（4）核心供货商的发货及退款承诺，需落实发货期的管理，按照商品融资业务方案审批批复中明确的发货期限要求，核实核心供货商均已在规定期限内足值按照协议约定的要求发货至指定监管仓库，均按照总行规定执行与授信企业及核心供货商的定期对账，并及时核实银行融资款项的定向支付及核心供应商已发货价值及尚未发货仍负有退款承诺部分的价值。

3. 关于保兑仓、反向保兑仓核心厂商的管理。在经济不景气，企业违约风险加大的背景下，应加强核心厂家资质准入标准审查，建议增加如资本金、年销售额等量化标准，或者比照未来货权供应商名录式管理。

4. 关于货押质押物管理。

（1）质押物质量下降主要涉及软商品、部分矿产、制成品，应严格周转期管理，在方案设计时，按质押物物理特性和化学特性，确定第三方检验机构和质检频率。超周转期或质检发现品质下降后，督导经营机构要求企业置换货物。这部分内容可在监管协议中予以明确。

（2）在额度启用时，应对综合授信协议和质押合同进行公证，出现风险后可以不走诉讼程序，直接申请法院执行，以节约时间，迅速处置质押物。

【业务流程】

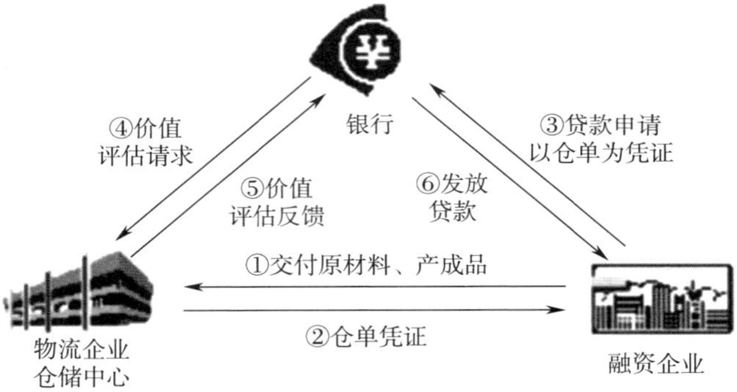

图 27－1　仓单质押业务流程

四、常见风险点

1. 由于银行之间质押信息互不相通以及仓库管理存在漏洞，货主与仓储企业联合进行重复质押或者空单质押并不罕见，一票多押甚至多次质押从银行融资。

2. 采取伪造仓单、重复质押的方式向银行套资，重复质押、套资获利。

3. 存在同一批货物在不同法人名下，由不同的法人进行抵押、申请贷款的现象。

例如，钢材并非不动产，所以不需要办理抵押登记进行公示，非常容易造成企业和银行信息不对称的情况。此外，钢材由于没有产品编号和生产批号，容易混淆视线。

在企业找银行开信用证的时候，钢材在仓库里，仓单提货单也放在仓库，但是钢贸商与仓库的库管员可以互相勾结，制造假仓单。比如，一批货开五六个仓单，第一家银行贷款时库里还有货，后面几家实际上抵押的是空库。

曾经有一个仓储公司虚开质物清单，骗取银行贷款后失踪，后来调查发现仓库是租的。还有出质人以货物掉包、以假充真、以次充好为手段进行诈骗等。在质押监管的一系列案件中，主观犯罪成为主流。

以市场内的钢材作质物，向银行借贷，套取资金后改变资金用途，违法发放高利贷。

在违规放贷没有被及时制止的情况下，有的变本加厉，发展到质物量短少、以次充好、以假充真，乃至发展到出具虚假仓单、虚假质物清单的地步。问题发生质变，由合法转为犯罪。在高利贷链条上的资金极不安全，一环断裂，全链受损。

通过伪造仓单和重复质押等不规范操作向银行融资之后，不少钢贸商并未将资金用于经营钢铁贸易，而是转向其他领域比如地产、矿业、高利贷等。而有的钢贸商因投资套利到期无钱还贷，便会向民间高利贷融资“过桥”资金还贷。

动产融资风控牢记：

防止有担保和抵押贷款余额的客户继续采取动产质押方式超贷。

回避在其他银行有动产质押贷款余额的客户，客户经常出现串贷。

不是有了动产，就一定提供贷款，关键是借款人本身有经营能力。

第二十八课　保兑仓项下授信后检查要点

一、产品特点

保兑仓业务是针对于买卖双方在贸易结算中产生的，以银行信用为载体，以银行承兑汇票为结算工具，由银行控制货权，卖方（或仓储方）受托保管货物并对承兑汇票保证金以外的金额部分由卖方以货物回购作为担保措施，买方开出银行承兑汇票，随缴保证金、随提货的一种特定票据业务产品。

二、检查要点

授信企业（尤其是卖方）的信用风险仍然是保兑仓业务的首要风险。因此对于保兑仓项下融资业务贷后检查，首先应对买卖双方进行信用方面的检查，重点是对卖方信用、财务、履约等方面的检查。除此之外，由于保兑仓业务是围绕买卖双方、银行和仓储方对货物的所有权的转化、监管和以银行的信用为交易结算载体而产生的，因此保兑仓业务的特有风险主要集中在信用、监管和操作风险三个方面。

1. 信用风险方面的检查要点。

（1）检查生产商（卖方）经营状况以及资金实力，以往交易履约状况等，判断是否具有真正的回购代偿能力；检查卖方的回购是直接退款、见单（证）回购、见货回购还是由第四方仓储方参与下的回购；如果涉及见货回购，检查回购价格是否在相应的三方、四方保兑仓协议中约定；检查回购货物的质量等有无变化等。

（2）关注经销商（买方）资信状况，资金实力和商品的销售状况、商品销售能力和存货回款速度等方面。

（3）检查交易背景的真实性；检查买卖双方是否已形成长期稳定的供应关系，交易行为能否形成稳定连续的现金流；检查买卖双方以往及近期交易关系是否正常，有无债权纠纷。

（4）检查仓储方（如有）是否按照协议约定履行其保管义务，是否有与买方串通的行为。

（5）检查相应的货物有无办理保险。

2. 资金封闭划转到卖方。

银行承兑汇票必须由银行直接交付给卖方，如果为贷款，必须采取受托支付方式，由银行直接划付到卖方账户。

3. 风险控制的关注重点。

（1）保兑仓和反向保兑仓业务的核心厂家管理。

①设立对核心厂家资质准入标准，应满足如下标准：为制造类企业本部及制造类企业的专业销售公司或地区销售中心等机构；属于特大型一级批发商；经销商有完整成熟的销售体系；核心厂商对买方具备强大的控制能力；核心厂商对产品具有较强调剂销售能力。

②规范核心厂家的操作，尤其是及时对账、按照要求发货，应签署银行标准的三方、四方合作协议；每月督促支行对账情况，并抽查对账情况；如有必要可现场抽查客户的账实情况。

（2）经销商管理。

①经销商资质准入标准。经销商必须有较强的经营能力，实地查看经销商销售流水情况、经销商实际提货情况等。

②经销商一旦提货不及时，出现风险后，应当立即通知卖方退款，以防范错失市场处置良机。

【业务流程】

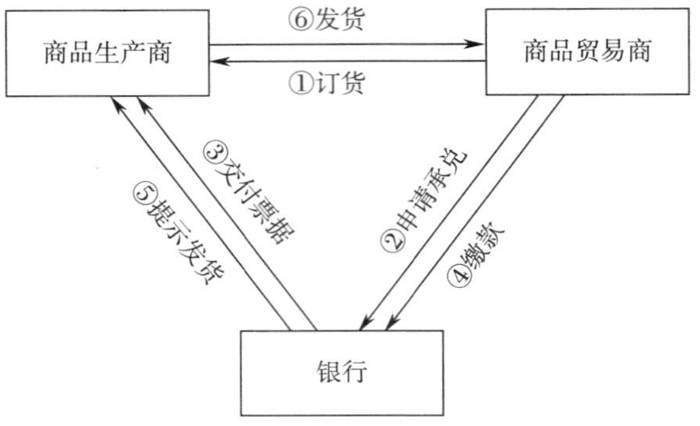

图 28－1　保兑仓业务流程

【案例】

A 有限公司关于诉讼进展的公告

涉案金额为银行承兑汇票垫付款本金 5670 万元及利息 108 万元。

一、有关本案的基本情况

原告：B 有限公司济南分行

被告一：C 有限公司

被告二：D 有限公司

被告三：E 有限公司

被告四：F 有限公司

被告五：G 有限公司

被告六：×××

被告七：×××

被告八：×××

被告九：A 有限公司济南分公司

被告十：A 有限公司

诉讼请求为：（1）请求判令第一被告交存银行承兑汇票票款人民币 5705 万元及相应利息；（2）第二至第八被告承担连带保证责任；（3）A

有限公司济南分公司及A有限公司承担连带还款责任；(4) 请求法院判令各被告承担原告实现债权的包括但不限于诉讼费、财产保全费、律师代理费、公告费等各项费用。

二、有关本次诉讼的基本情况

原告与第一被告和原H（2017年2月27日，H股份有限公司更名为A有限公司，并成立A有限公司济南分公司）三方于2017年2月24日签订了保兑仓业务三方合作协议。约定原告以授信融资形式向第一被告提供融资8150万元，用于购买原H的钢材，并开具收款人为原H、还款人为第一被告的银行承兑汇票，汇票直接交付原H。第一被告在向原告支付2445万元的保证金后，剩余融资款5705万元未按期归还。按照保兑仓业务三方协议第四条规定，原H应当按照承兑汇票票面金额承担余额退款责任。因此，请求法院追加A股份有限公司济南分公司及本公司为本案被告。

三、一审判决情况

近日公司收到济南市中级人民法院（20××）济商初字第×××号民事判决书，一审判决结果如下：

（一）被告C有限公司于本判决生效日起10日内偿还原告B股份有限公司济南分行银行承兑汇票垫付款本金5670万元及利息108万元（利息计至2018年3月25日，嗣后至本判决生效之日的利息按照合同约定计付）。

（二）被告C有限公司于本判决生效之日起10日内赔偿原告B有限公司济南分行经济损失70万元。

（三）被告D有限公司、E有限公司、F有限公司、G有限公司、×××、×××、×××对本判决第一项、第二项所确定的债务承担连带清偿责任。

（四）被告A有限公司、A有限公司济南分公司在其擅自发货造成的损失范围内（即本判决第一项所确定的债务）承担连带清偿责任。

A有限公司董事会

2018年8月31日

充分做好贷前调查，做到贷前了解处置渠道。密切关注企业经营情况，做好贷后管理工作，做好盯市管理工作。如发现风险事件，第一时间联系相关管理部门，配合管理部门按照处置渠道尽快挽回损失。

第二十九课　保函贷后检查要点

一、产品特点

保函是指银行应申请人的请求，向第三方开立的一种书面信用担保凭证。保函种类多，根据保函的用途，银行保函分为履约保函、预付款保函、投标保函、维修保函、留滞金保函、税款保付反担保函、关税保付保函等。保函是独立于委托人与担保人之间的反担保或委托人与受益人之间的合同或投标条件之外的，依据其规定的条件生效，由担保人以保函中规定的任何单据为基础作出决定，是不可撤销的。

二、检查要点

结合保函种类，对保函申请人的支付能力、履约能力及担保等情况进行跟踪检查，检查的主要内容如下。

1. 对保证金专户的资金变动情况进行监控，检查是否有非法划转保证金的情况发生。

2. 根据保函种类的不同进行针对性检查，检查保函申请人在工程、商品交易过程中的履约能力有无重大变化，进程是否顺利，有无发生影响工程进展或合同履约的重要事件。

（1）履约保函要检查申请人的履约能力是否出现变化，保函担保的约定事项进程是否正常，有没有出现不能按照合同履约的迹象。

（2）工程类保函要检查客户是否具备相应的工程施工资质；重点关注申请人在行业中所处的地位、企业资质和实力、完成本项目的能力、以往项目的履约记录、在他行办理保函的记录及企业的经营作风等情况。此外，还应考虑受益人对项目的资金落实情况和与申请人往来关系等其他背景情况；总对总转授权的客户要特别注意子公司管理层、经营状况、经营业绩及管理水平等，防止被授权的子公司履约及偿债能力较差转授权使用授信形成的风险。

（3）贸易类保函，应重点检查申请人财务指标中的现金流量、该笔合同的付款资金安排和抵（质）押品的变现能力等情况。

（4）投标保函要检查申请人中标后银行是否继续为其出具履约或预付款保函。如果出具了，总额度是否超过授信额度。

3. 关注保函申请人在开立银行和其他银行存款、贷款及对外担保的变化情况。

4. 检查保函的期限是否到期。如果已经到期，检查是否把正本交还，是否注销。如没有注销，是什么原因。

（1）对于有明确到期日的保函，到期后应及时办理注销手续。

（2）对于无明确到期日或在失效前注销的保函应凭受益人退回的正本保函或受益人关于解除银行担保责任的书面确认办理注销手续。

（3）银行授信项下开立保函的期限原则上不超过3年。

（4）对于涉外保函，应在取得受益人通过代理行发送的关于解除银行担保责任的书面确认后办理注销手续。

（5）必须在保函注销后才能释放客户的授信额度或退还保证金。

5. 保函项下索赔。

（1）发生索赔时，应以保函条款为依据，审核索赔文件是否符合保函要求，是否在保函规定的有效期之内送达银行，并核实索赔文件的真实性。

（2）在信开保函的情况下还应要求受益人提交银行出具的正本保函，并核实其真伪。

（3）在确定索赔条件相符后，应尽快落实赔付资金，在保函承诺的期限内，对受益人履行付款责任。

（4）当银行作为转开行，在收到受益人的索赔通知且经审核该索赔通知符合保函要求时，应立即向反担保行提出索偿，在收到公司反担保行的赔付款项后向受益人履行付款责任。

（5）当银行作为反担保行，在收到转开银行的索赔通知后，在审核索赔通知并符合保函要求后，向转开银行履行付款责任。

6. 对发生过垫款的保函申请人，检查在其全额偿还银行垫款前，是否在为其授信办理任何保函和其他贸易融资业务。

7. 母子公司经营模式项下，母公司因为资质较高，作为合同签订方，而实际履约的为子公司，具体施工的为分包商，出现母公司签订承包合同、子公司申请开立保函、分包商施工的现象。尽量要求基础合同完善，要求母子公司共同作出承担付款责任的承诺，以保证银行利益不受侵害。

三、各类不同保函风险要点

不同保函风险要点和分离式保函与一般保函的区别分别见表 29 －1、表 29 －2。

表 29 －1　　不同保函风险要点

投标保函授信后检查	注意投标截止期限，对于过了期限的投标保函，要求客户及时退还注销
履约保函授信后检查	1. 过了合同期限，查看履约保函是否到期，督促其及时注销 2. 检查履约保函对应的合同执行情况，确保买方履约 3. 工程履约保函项下，检查施工企业的施工情况，确保工程完工
质量保函授信后检查	在质保期内，检查施工企业的履约情况

表 29 －2　　分离式保函与一般保函的区别

分离式保函	一般保函
申请人与被保证人分属于两个企业	申请人与被保证人为同一家企业
申请人为担保公司	申请人为施工企业等
受益人为业主方	受益人为业主方

【案例解析】

×××建工集团为特大型施工企业，企业资质为国家一级资质，企业承揽了一个体育场馆项目。该企业在银行签发了1亿元保函，项目分包给多家二级施工商，一家二级施工商倒闭，导致工程逾期。业主方立即起诉，该企业被动赔付。

【提示】

对于一些存在明显行业周期的履约保函，要非常谨慎，在经济下行期，经常出现业主方弃货、故意刁难等情况，存在恶意索赔保函的风险。

【案例】

××弃船案中案

2018年8月1日，××省高级法院受理了一起案件。原告是××市×××有限责任公司（下称×××），被告为中国××银行××支行。

×××的诉讼请求主要是，要求确认“原被告之间开立的对外还款保函/备用信用证协议（下称保函）无效”，以及确认“原告在开立对外还款保函/备用信用证协议项下的、由该协议引发的或与该协议有关的所有债务、义务与责任均已获得完全的免除”。

实际原因：在航运不景气，国外船东恶意放弃订单，而民营造船企业没有法律知识，预付款保函项下保证金被索赔。

保函通常属于低风险业务，要防范保函的操作风险，务必动态紧盯保函担保的对应项目的履约状况。保函就是银行担保施工企业成功履约的承诺函，业主方要的是项目的成功，不是简单的银行补偿。

第三十课　保理贷后检查要点

一、产品特点

国内保理业务是指银行作为保理商与卖方之间签署保理协议，根据该协议，卖方将其现在或将来的基于其与买方订立的国内货物销售/服务合同所产生的应收账款转让给银行，并由银行为其提供的综合性金融服务。这些服务应至少包括下列项目中的一种：贸易融资、销售分户账管理、账款收取和坏账担保。

保理业务包括以下几个特点：

1. 相关当事人多。保理业务以保理协议为基础。根据签署协议的不同，保理业务的当事人最多包括买方银行、卖方银行、买方（商务购销合同买方）和卖方（商务购销合同卖方）四方当事人。

2. 保理业务的核心是债权转让关系。

3. 保理业务的特有风险主要集中在交易、合同、应收账款控制三个方面。

二、检查要点

1. 检查购销合同买卖双方和贸易背景的真实性。

（1）检查买卖双方是否为关联企业，若为关联企业，银行不能提供无追索权保理服务。

（2）检查买卖双方是否已形成长期稳定的供应关系，是否发生过贸易纠纷。

（3）检查卖方历史履约能力是否良好。

（4）根据企业每月的财务报表，采集相关的财务信息，判断企业在财务方面是否存在潜在的风险。

（5）检查是否有完备的贸易单据。

2. 交易商品应是原材料、零部件等标准统一、同质性强的商品，需要大量后续服务的交易，如成套设备、建筑工程、公路建设、软件等交易，不适合叙做保理。

3. 对卖方履约和买方支付货款情况的检查。

（1）发票核查。

①按月出具卖方客户对账情况表，列明应收账款的总额及未结清发票的明细情况，包括金额、发票日、到期日、买方等，由主办客户经理交企业进行对账，检查双方对应收账款的记载是否一致。

②当出现大额发票、集中到期发票，或对发票的真实性存在质疑时，主办客户经理对企业进行发票的核查，检查会计账务中是否记载了此笔发票以及企业的原始凭证以核实其真伪，避免企业的欺诈行为。

（2）对应收账款总体情况进行评价，其包括应收账款的总量、账龄、出单次数以及发票的平均金额，特别要注意一些异常的情况。

①检查是否存在卖方更换发票和争议现象，如有，则说明卖方没有正确履行合同中规定的责任，或买方以此为借口拖延付款。

②检查发票到期时买方采用何种付款方式，是电汇还是支票、银行承兑汇票。以后者结算的时候，应注明收款人为银行的保理监管专户。以银行承兑方式付款的原则上必须在银行办理贴现，杜绝卖方挪用资金的可能。

③检查是否存在间接付款，检查入账凭证，判断买方是不是按照保理协议规定将款项付至银行的保理专户或者监管账户。

④关注催收的过程中是否存在障碍，买方是不是能够配合，积极履行付款义务。

⑤关注买方付款情况是否正常，是否能够按时付款，有无逾期，是否拖延付款的时间越来越长。

三、业务调查分析

1. 对于贸易背景真实性调查。对于贸易背景的真实性调查，银行在保理方案审批及融资后过程管理两个环节进行。在方案审批环节，银行协同客户经理及风险经理上门查看企业生产经营情况，通过与买方上门核实、电话沟通等多种方式确定其贸易背景的真实性。在融资后通过过程管理、授信后调查、增值税发票上网复查等方式核实其贸易背景是否真实。

2. 应收账款转让通知。

银行所有应收账款转让事宜都要求在人民银行应收账款质押登记系统中查询其应收账款信息，确认无登记信息后，进行转让登记，以防止发生重复融资。

对于签署应收账款转让三方协议或买方盖章确认应收账款转让通知书的业务，银行均留取协议及通知书的原件；对于邮寄通知应收账款转让的业务，银行采取保留邮寄回执原件及不定期上网抽查快递信息的方式，确保应收账款转让通知的有效性。

四、保理业务

1. 检查范围及对象。抽查未结清保理业务的业务卷宗、保理方案及保理系统录入信息。

2. 检查重点及检查结果。

（1）方案审批。保理业务方案超权限的均已报备；审批单据齐备；重要操作节点及风险点在批复中均已明确；审批时对买卖双方的交易背景及合格应收账款成立的条件均已审核。

（2）应收账款债权转让事宜的落实。对于融资前通知的业务，事后均落实债权转让通知事宜；对于融资后通知的业务，业务方案审批都在备注中进行了有效的风险提示；预留了卖方已签字的应收账款债权转让通知书。

（3）转让及融资放款。落实了贸易背景真实性的审核；按照保理制度及方案批复中要求的在融资前对相关单据进行了审核。

（4）过程管理。均严格监控了买方回款情况，不存在间接付款及其他异常付款情况；对于票据回款，均严格按照批复规定及票据回款相关要求进行管理；对买卖双方的合作情况进行了解，不定期对企业发货、验收、付款等情况进行检查；按照要求定期与核心企业进行对账。

3. 风险控制的关注重点。

（1）督促经营机构有效地落实贸易背景。上报保理业务前需到企业现场走访，了解客户的业务流程，根据客户实际情况，填写保理业务操作方案审批表。

严格审核客户合同内容、发票真伪以及以往业务结算单据。企业提供的所有材料的真实性须经经营单位客户经理查验并双签，同时客户经理在正本上签注“已转让给×××银行”字样。按照银行应收账款及时在“中国人民银行征信中心”的登记系统中进行该笔应收租金转让登记，并形成纸质凭证交予××留存。

（2）应收账款转让通知。

①落实应收账款转让通知的有效性。在业务操作时需要提交应收账款转让通知回执、载有×××银行格式债权转让条款并经买方确认回执的商业发票。每次办理融资时，需与买方核实应收账款余额，保证应收账款真实可靠。在租赁保理的情况下，由于无商业发票，除了应收账款转让通知回执，客户也可在租赁合同中规定该笔业务转让给银行的条款。

②防范融资后通知的保理业务的相关风险。由于买方强势并且配合意愿低，要求卖方将两份经盖章的空白应收账款债权转让通知书预留银行。要求卖方与买方积极沟通，逐步实现融资前通知，并要求支行客户经理落实取得卖方按季度出具的书面情况说明，告知落实进度。

（3）回款问题。

①买方回款控制。要求卖方在银行开立保理监管账户，并就此账户与银行签订委托收款及账户质押协议，以保障银行对该账户内资金的相应权利。支行须密切监控该保理监管账户的资金情况，保证及时归还保理融资款项，支行客户经理落实回款划入卖方在银行开立的保理监管账户。如合同中已经约定回款账户，要求卖方与买方积极沟通，逐步实现直接还款，并要求支行客户经理落实取得卖方按季度出具的书面情况说明，告知直接还款落实进度。

②票据回款的管理。如买方采用票据支付方式，要求支行客户经理双人上门去买方处领取，并落实票据款项全额直接划入卖方在银行开立的保理监管账户或银行保理专户进行保理融资还款操作；如买方的付款方式为支票付款，支行应加强贷后管理，确保买方直接支付的支票（或现金）及时存入卖方在银行开立的监管账户。

③异常回款情况出现后的处理。对于回款方式与保理方案不符的情

况，要求支行、客户对于回款异常情况出具书面说明告知原因，并暂停该客户在银行放款，直至问题解决。

4. 风险控制建议。

（1）在应收账款债权转让事宜是否落实方面，对于融资后通知的，要求买卖双方签订的合同应明确付款期限，合同结算方式为赊销付款，有明确的付款到期日；合同中不含有禁止转让条款，实际交易情况应与合同约定基本相符。

（2）在转让及融资放款方面，要求客户经理时刻跟踪买卖双方交易情况，了解卖方是否按合同发货及买方付款记录。

【业务流程】

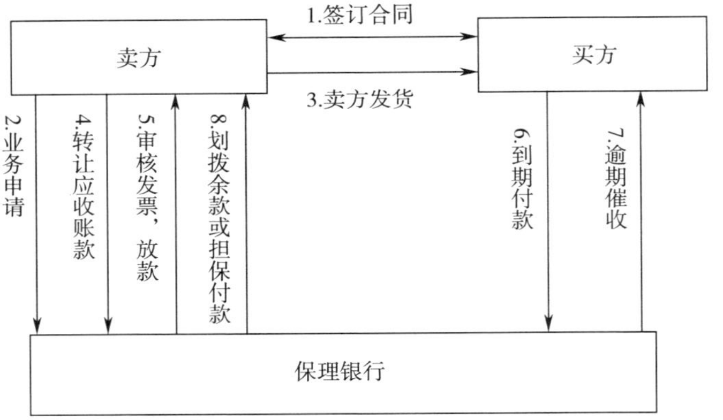

图 30－1　保理业务流程

【案例解析】

保理业务回款不规范

案例 1　包头×××有限公司办理保理业务 67 万元，存在自有资金回款的情况。经查，该客户的买方按之前的习惯划款路径将回款划至该客户在其他银行开立的账户，客户归还银行保理融资时进行了同名账户跨行划转操作，该客户及经营机构对此情况进行了说明，目前该客户后续回款路径正常。

案例2　上海××××有限公司部分回款存在买方×××电器以电子银行承兑汇票和商票回款的情况，与方案批复有出入。电子银票回款后，由×××电器财务公司贴现划回，商票回款后由客户自有资金偿还后退还票据，回款无实质风险。

案例3　某电器经销商为银行某分行存量授信客户，授信金额1亿元，主要为保理业务。该客户利用以往在各家银行信誉较好和熟悉银行保理业务操作流程的优势，虚构伪造贸易背景，骗取多家银行贷款，并通过各种手段挪用授信资金，从事房地产等经营业务。

银行发现该借款人近期应收账款回款路径异常，经深入了解发现保理涉及的应收账款不属实，且预留印鉴存在瑕疵，后与该企业确认，企业承认了相关问题。

分行在发现该风险状况后，多次与企业催讨，提前收回了该笔保理业务，最终未造成损失。但该事件中反映出的业务操作过程中存在的风险点不容忽视。

（1）客户经理在获取购货方合同签章预留印鉴、确认应收账款过程中没有做到现场面核面签，致使保理对应的应收账款不真实。

（2）保理还款前，借款人未经银行同意擅自变更应收账款回款账户，经办支行没有注意到该重大异常情况，也没有采取任何风险防范措施。

（3）借款人曾为多家知名电商的供货商，经营情况一度良好，导致各家银行对该企业过度授信，且该企业实际将贷款资金挪用于房地产开发。

总结与借鉴：

（1）对贸易型企业多头授信、过度授信要及时退出或增加有效风险缓释措施，不能轻信授信企业提供的财务报表等信息。

（2）对保理业务这类容易由操作风险导致信用风险的授信业务，应收账款确认等关键操作环节应集中办理，通过岗位分离打造“风险防火墙”，同时要做好对账工作。

（3）加强风险监测与授信后管理，对风险事件的发生早发现、早应对、早解决。

（4）加强对应收账款欠款人的约束，防止变更还款账户等“跑单”现象。

（5）出现风险事件时不要盲目悲观和慌乱，要及时掌握企业动态，上下一心果断制定“化解或缓解风险”措施。

案例4　银行某分行授信客户2018年10月在银行取得综合授信1亿元，主要办理保理业务，2019年10月业务到期时发现企业无力偿还，后企业自筹资金予以偿还部分贷款（分行后来获悉企业通过民间借贷方式筹资归还）。同年10月，综合授信到期后，借款人申请再融资时，分行到该公司下游核心企业（应收账款付款方）核对印鉴及对账时发现无人接待，经多方核实了解到，该核心企业与借款人自2019年初开始已无贸易关系。由此判断，2019年4月以后借款人在银行办理的保理业务存在伪造贸易背景之嫌。

案例5　银行某分行授信客户在银行取得国内有追索权保理授信2000万元，授信于2019年11月5日到期后，无应收账款回款，造成授信逾期。分行现场调查了解到，账款应付方共涉及四家企业，在上门核实交易背景后发现，借款人与其中两家分公司的购销合同系伪造，另有部分应付账款已于合同到期日前提前支付给借款人，但借款人未按保理业务规定归还银行贷款，而挪作他用。

案例6　某医药公司在银行取得国内有追索权保理1620万元，追加该公司法人代表及其配偶提供个人无限责任保证担保。由于其下游主要是一些民营的医药商，不符合银行一般保理的资质要求，所以增加平安财险对其下游应收账款承保。2019年3月、4月、5月分别发放贷款后，分行对该公司的应收账款回款情况进行监测，发现截至5月中旬，只有一家医药商回款28.62万元，其余下游均无回款记录。经调查，发现该公司及下游民营药商资金周转均较困难，目前诉讼正在执行中。

从以上案例可知，需要加强对买方回款情况的监控，要求各经营机构及相关客户经理做好账款催收工作，落实回款方式和回款路径。

（1）按照保理业务规定，提前做好买方到期付款的相关准备工作。

（2）对于买方采用票据方式付款的业务，确保买方将票据交付至银行，且票据贴现或解付资金能够直接进入银行保理监管账户；若卖方出于各种原因不能办理票据贴现，需用自有资金归还，客户经理须做好票据交接登记，在卖方归还银行融资前控制收到的票据，防止卖方挪用票据项下款项。

（3）如买方未按照银行接受的付款方式及路径回款，卖方须立即通知银行，并立即将款项支付给银行偿还融资，卖方和经营机构须对此情况进行事实确认，银行将视情况决定是否继续融资。

（4）对回款异常情况深入了解买卖双方经营情况的变化，重点关注企业经营现状。

【分析】

1. 应收账款通知。为维护银行债权权益，落实应收账款债权转让有效性，对应收账款通知应严格要求，所有项目均在融资前向买方通知应收账款债权转让事宜。对于应收账款债权转让通知方式，尽量采取应收账款债权转让通知书买方加盖公章书面确认的形式；对于客观上买方不能对应收账款债权转让通知书进行书面确认的情况，要求客户对应收账款债权转让通知书进行邮寄送达公证；对于买方只能对应收账款债权转让通知书加盖财务专用章的情况，进一步要求客户对应收账款债权转让通知书进行邮寄送达公证。

2. 卖方还款。加强保理业务的过程管理，出现卖方还款情况后，根据相关管理规定，立即暂停对该客户的新增融资，并及时与经营机构及风险部门沟通，与客户经理一道前往客户处进行平行作业，了解问题产生的原因。后期严格监控监管账户中买方回款的时间及金额，待买方付款恢复正常、持续稳定后，再根据情况恢复新增融资审批，确保银行信贷资产的安全。

3. 间接回款。为有效防范风险，银行及时暂停相关客户的融资业务，并与借款人及时签订补充协议，约定“在上述规定的变更落实期间，甲方对尚未完成上述变更手续的买方所支付的货款，除非该款已直接支付至上述应收账款指定收款账户，否则甲方即应在买方付款至甲方任何账户的当日（最迟次日）即应将该相应款项全部转入至上述应收账款指定收款账户”。督促借款人尽快按照补充协议落实应收账款变更手续。在此期间，借款人必须及时将回至他行账户上的回款转入银行保理监管账户。

第三十一课　公立及民营医院授信后检查要点

一、基本认识

1. 医院对银行既有流动资金贷款需求（购买大宗医疗设备），也有基建项目融资需求，以基建项目融资为主。

2. 还款资金来源主要是结余资金，还款能力取决于就诊量。

3. 医院的特殊性质（公益事业单位）决定银行对其难以规避的风险（无担保、难执行）。

二、常见风险

1. 从事基建投资，基本需要大量银行贷款，自有资金比例极低。

2. 贷款基本属于信用贷款，违约成本极低。

3. 贷款极易被挪用。

4. 贷款基本是借新还旧。

5. 基本自有还款资金来源严重不足。

6. 集团类客户占用医院资金（集团收购医院，包装后向银行融资，并挪用于集团的其他板块）。

7. 医院投资金额巨大，存在潜在财务风险（盲目扩张，导致入不敷出）。

三、主要检查内容

1. 主要业务量指标。检查住院床位数、门诊人次数、病床数、病床使用率、病床周转次数等是否出现下滑，是否与医院规模（主要为固定资产）增长相适应，在当地排名是否基本稳定，特别关注业务量是否被大量分流。

2. 主要财务指标。

（1）检查总收入是否明显下滑。医院收入主要由药品收入、医疗收入和财政补助收入构成，分析各类收入占总收入的比例变化是否正常，尤其是药品收入占医院全部收入的比重变化情况是否正常（过分依赖药品收入的医院在医药分家改革趋势下其发展将受到较大制约，优秀综合医院的医疗收入大约占总经营收入的60%，较高医疗收入占比可以有效抵御未来政策变化导致的药品收入波动风险）。

（2）检查医院的资产负债率是否突破50%，若突破50%，需要重新评估银行授信到期的还款能力，并判断固定资产和无形资产增长后是否相应带来收入的合理增长。

（3）关注医院事业基金是否呈增长态势（事业基金持续增长，侧面反映出医院经营情况良好），有息债务/事业基金比例是否大幅上升。

（4）检查财政补助收入（具体分为基本经费补助、项目经费补助）是否稳定，是否与其业务量相适应；检查收支差额（主要为医疗收支差额、药品收支差额）是否突然负向变化。

（5）检查医院应收账款结构是否出现不合理变化，应收账款是否大幅增长且期限变长，是否存在收回难度较大的应收账款。

3. 其他内容。

（1）要求在银行开立偿债资金专户的，检查期内是否将足额的还款资金存入该专户，专项用于归还银行贷款本息。

（2）对于存在基建项目建设的医院，关注项目基建进度是否正常，资金来源是否落实，防止银行授信被挪用；检查具体贷款使用时是否严格按照相关部门的管理办法或规定执行。

（3）检查医院是否发生重大医疗事故或医疗纠纷，是否影响到医院的社会形象，是否导致病患就诊量减少。

（4）检查授信用途是否符合批复要求和外部监管规定，是否存在不落实批复内容的情况。

（5）关注医疗体制改革影响和医院重大经营变化情况，关注医院产权改革引起的医院重组、并购等情况，防止逃废银行债权。

四、医院现金流分析

1. 医院收入中医保收入。全民医保模式下，医保付款是医药的最主要收入来源。医保采用按季度定期付款模式，所以医院一般有一定的应收账款。

2. 药品销售收入。医院都开设有药房，医药收入属于较大规模收入。

3. 诊断收入。这部分收入占比较小，一般不会占到20%。

【说明】

医院等级划分标准，是我国依据医院功能、设施、技术力量等对医院资质评定指标。全国统一，不分医院背景、所有制性质等。按照《医院分级管理标准》，医院经过评审，确定为三级，每级再划分为甲、乙、丙三等，其中三级医院增设特等，因此医院共分三级十等。

二级甲等医院：发达地区的区县级医院，基本属于二级甲等医院，县级中医医院评选标准与西医医院有所不同，由国家中医药管理局评审，称为二级甲等中医医院。

【点评】

1. 银行对民营医院提供贷款必须非常慎重，医院行业最大的特点在于关乎百姓身体健康和生命，因此，患者天然对国有医院高度信任，民营医院在招揽病人方面存在巨大劣势，资金流不稳定。

2. 民营医院现金多被集团公司挪用，医院成为集团对外进行融资的“马甲”。对民营医院务必采取集团统一授信模式，对民营集团自上而下进行风险控制。

【口诀】

医院收入稳定好，紧盯医保回款户，
授信多用票据好，控制付款看路径。

第三十二课　公立及民营高校授信后检查要点

一、基本认识

1. 正常情况下，国家公办高校基本能够实现收支平衡，原则上不需要流动资金贷款。如有贷款需求，主要基于基建投资。

2. 贷款还款来源于结余收入，还款能力最终取决于招生能力。

3. 在生源有保障的情况下，完成基建投资后，支出基本稳定。随着收入逐年增加，结余资金稳定增长，最终还款来源有保障。

4. 院校的特殊性质（公益事业单位）决定了银行贷款无法回避的风险——无担保、难执行。

二、公立及民办高校识别

民办高校指的是企业事业组织、社会团体及其他社会组织和公民个人利用非国家财政性教育经费，面向社会举办的高等学校及其他教育机构，其办学层次分专科和本科。民办高校的学费是公立大学的 3 ~ 4 倍。国家对社会力量办学实行办学许可证制度。各级教育行政部门按照规定的审批权限，对批准设立的教育机构发给办学许可证。

公办院校与民办院校都是经相关部门批准的具有独立颁发毕业证书资格的学校，它们之间的最大区别是资金来源不同。公办院校部分办学经费来源于行政部门，其属于行政部门举办的教育机构，而民办院校的资金来源完全靠自筹，其为社会力量举办的教育机构。

公办院校按国家统一计划招生，有固定的录取分数线，招生工作由各级招生办统一组织。目前，绝大多数民办院校自己组织招生，分数一般掌握在全日制普通院校大专分数线以内。民办学校招生体检标准与普通高校相同，学生不转户口，毕业生分配方式一般以推荐和自谋职业相结合为主，也有一些实力雄厚的民办学校包解决毕业生的就业问题。

【政策依据】

依据《最高人民法院关于适用〈中华人民共和国担保法〉若干问题的解释》（2000 年 9 月 29 日最高人民法院审判委员会第 1133 次会议通过 2000 年 12 月 8 日最高人民法院公告公布自 2000 年 12 月 13 日起施行法释〔2000〕44 号）的相关规定。

三、高校贷款基本风险点

1. 高校贷款基本是短借长用，期限错配问题严重，存在流动性风险。
2. 高校自有资金过低，对银行贷款高度依赖。
3. 担保不到位，银行追索极难。

四、对高校授信原则

1. 选择高层级合作对象。
2. 以中期授信为主，不要与项目挂钩。

五、审查要点

1. 考查正常年份收入规模及结构。
2. 分析在银行贷款期间还需要投入多少基建资金，资金来源是否可以落实。
3. 考查正常年份结余资金的情况。
4. 考查现有在各家金融机构的贷款规模及结构。
5. 分析在当地的后续融资能力。
6. 分析如基建完成后，后续的招生规模及预期收入、预期结余情况。

国家高等教育政策由扩招改为稳定招生规模，大学建设在规模上已经达到或超过了实际需求。教育事业收入（主要为学费、住宿费）和国家财政拨款是高校收入的主要来源，但财政拨款基本上用于学校人员工资等正常支出，收取的学费中，大约有 45% 可以用于还贷，因此学校可用于还贷的资金主要是教育事业收入中的学费、住宿费。

【贷后检查应关注的方面】

1. 在银行开立建设资金专户，对账户进行监管，保障贷款专款专用，关注具体贷款使用时是否严格按照规定执行。

2. 关注公办高校的合并、联合等情况，确保落实银行债权。

3. 关注学校的招生情况。招生情况直接决定学校的还贷能力。关注学校招生分数线在同类高校中的排名是否基本稳定（上下5名以内），招生计划数、招生计划完成率（实际招生人数/计划招生人数）是否增长或稳定。

4. 关注学校总收入的增长与办学规模的扩大是否相适应，各项经费拨款（教育经费拨款、科研经费拨款和其他经费拨款）是否稳定，学校教育事业收入和科研事业收入是否增长或稳定。

5. 关注自筹办学情况，包括成人教育、MBA教育、培训等自筹办学的实际招生人数是否下滑、学费住宿费收入是否增长或稳定，主要关注报表中附属单位缴款情况。

6. 密切关注学校的负债规模和期限结构，是否大幅举债进行固定资产建设导致总体负债上升从而超过贷款风险警戒线；关注他行给予的短期授信到期后是否大部分能正常叙做。

7. 利用地方相关部门的信息共享机制，了解行政部门化解高校债务危机的各项措施，对于授信批复前获得专项财政补助计划的高校，了解财政补助是否能按计划到位。

8. 授信用途是否符合批复要求和外部监管规定，是否存在不落实批复内容的情况。

六、民办学校通常可以采用的贷款担保方式

民办学校非教育设施可抵押，收费权和办学权、知识产权、著作权、商标权都可质押。

民校学校的校舍和操场等固定资产被列为公益资产，无法进入银行的抵押物行列。

民办学校的非教育设施（如经营性资产等）经批准设立的教育行政部门审核认定后可以抵押。

【案例】

2016年9月20日，××省××县×××外国语学校（私立）以其所有的房屋作抵押向××县××农村信用合作社贷款（设定贷款最高额为500万元，实际已经发放贷款480万元），××县房管局为其办理了抵押权设立登记。后因×××外国语学校未按约还款，××农村信用合作社经多次催讨未果，向人民法院提起诉讼。

经过借贷诉讼、抵押登记行政诉讼和行政赔偿诉讼的三场官司，最终法院判决，以违反《中华人民共和国担保法》第三十七条第（三）项规定为由确认借贷双方签订的最高额抵押借款合同的抵押部分无效，确认××县房管局抵押登记行为违法。

【口诀】

高校贷款要谨慎，学生招生最关键，
长期偿债能力佳，高校最好中长贷。

第三十三课　中小企业授信后检查要点

一、中小企业客户范围及其特点

中小企业授信是通过实现中小企业授信风险的缓释、转移和嫁接，运用多种产品的组合销售和批量授信，形成符合不同区域、行业和客户特点的融资模式，确保在风险可控的前提下，提高银行中小企业业务的综合收益，形成银行在中小企业金融市场某一领域内的比较竞争优势。

中小企业授信主要通过担保公司、行政部门采购、联保、经销商、专业市场等多种模式，在授信实践中，通过加强对融资模式的管理，提高银行的风险管控能力，增加信息透明度，将风险缓释在业务流程的各个环节。

1. 关注借款人所在行业，特别是子行业变化和发展的情况，关注该行业在当地产业集聚是否明显，借款申请人是否依附行业内大企业，该行业是否有利于中小企业发挥其成本低、机制灵活的优势。

2. 应重点关注企业实际控制人和主要管理者的个人品行、社会历史信用记录、家庭生活、业内口碑等情况，了解其个人的主要资产和分布情况，重点调查是否存在赌博、是否涉及民间借贷、是否偷逃税款等。

3. 对生产经营可通过调查企业的用水、用电情况来了解企业的开工和生产负荷情况。

4. 实地走访时应关注设备开工是否正常，老旧设备有无及时更新，仓库存货情况是否与报表一致等。

5. 对出口导向型中小企业应特别关注其近期订单承接情况，国家出口退税政策的变化和人民币持续升值的影响，客户集中度是否过高，结算方式是否合理，主要客户的违约风险是否偏大等。

二、中小企业授信后检查要点

对于授信项下中小企业授信后检查，按照一般授信企业授信后检查要求实施，此外需特别关注以下检查要点，防范系统性风险。

1. 对中小企业授信后检查要求。

（1）检查授信模式相关协议，合同有无修改，以及对银行权利、义务的影响，修改是否经过必要的审批程序。

（2）合同、文件及单据是否齐备，相关文件及单据的传递、保管是否安全、准确、及时并符合模式管理要求。

（3）授信模式的日常执行是否符合管理要求，如账户开立、现金流管理、物流管理、监督支付等。

（4）检查和识别授信模式的行业风险、系统性风险。评估行业经济态势、行业吻合度、行业政策环境，以及未来发展趋势、地位等；评估涉及的主要产品、原料的价格、供求波动情况；评估区域经济情况及财政收支情况。

（5）授信模式附加风险控制措施的检查，如风险基金、保证金的缴存情况、保险情况、追加担保情况。

2. 应重点关注以下检查内容。

（1）采取行政部门采购模式的，应关注中标企业履约记录，与行政部门采购供应关系是否稳定，行政部门采购运作条件，行政部门采购付款方式等。

（2）采取融资租赁模式的，应关注借款资金是否专款专用，设备是否正常交付，承租人总体生产经营情况，设备使用情况，租金支付情况，模式下回购履行情况。

（3）买方信贷模式下，应关注购买的设备或商品是否属于中小企业重要的经营资金来源，交易背景是否真实，买卖双方是否形成长期稳定的供应关系，交易行为能否形成稳定连续的现金流，涉及的产品或凭证的管理、账款管理和回购管理等方面是否符合相关规定。

【中小企业贷后关键】

"三品、三表、三流"决定贷或不贷。"三品"——企业主的人品、企业的产品、贷款的押品；"三表"——电表、水表、税表（或海关报表）；"三流"——人流、物流、现金流。

【口诀】

针对小企业经营特点，推广贷后管理要"三盯、八看、四防"。

三盯，即一盯结算往来，二盯有效资产，三盯关键指标。

八看，即一看年检是否合格，二看股东背景，三看实收资本，四看人行评级，五看对外担保和投资，六看内控和风险管理，七看代偿情况，八看反担保措施。

四防，即一防老板"人"的风险，二防"四多"企业风险，三防道德风险，四防操作风险。

"中小客户三分在于选，七分在于管"，当我们将资金交到借款人手里那一刻开始，还款的主动权就掌握到了借款人手里。就风险控制而言，贷后比贷前更重要一些，信贷风险管理是从选择客户到完整贷后管理的全过程。

第三十四课　政府融资平台授信后检查要点

一、行业特点

由于公共管理行业子行业较多，且一些行业具有公益性的特点，在选择子行业时，应选择盈利性充足的行业进行营销，在选择投放客户时要优先选择有稳定经营性收入且现金流充裕的企业，同时要考虑到该客户的区域垄断或特许经营地位、项目周期、抵押担保情况、存款等综合收益等。

二、项目准入标准

1. 贷款项目符合国家宏观调控政策、发展规划、行业规划、产业政策、行业准入标准、土地利用总体规划、环境保护政策以及信贷审慎管理规定等要求，并经相关投资主管部门依照有关规定完成审批、核准或备案手续。

2. 贷款项目自身具有稳定的经营性现金流或具有合规可靠偿债资金作为还款来源，且能完全覆盖贷款本息。

3. 借款人为地方政府融资平台的，其新增贷款（包括存量叙做）应符合监管要求。

（1）对于固定资产以及项目融资贷款，在项目上报审查审批时，原则上须提供以下文件，如地方政府对固定资产投资项目有其他规定的，可从其规定。

①项目建议书及批复或项目申请报告及核准文件；

②项目可行性研究报告及批复；

③建设项目用地预审批准文件（如有）及建设用地批准书；

④规划意见书、建设用地规划许可证及建设工程规划许可证；

⑤经审批的项目环境影响评估文件；

⑥自有资金到位证明。

（2）资本金比例应符合国家相关规定；贷款期限一般不应超过项目建设期加上10年，最长一般不得超过项目建设期加上15年。

（3）禁止办理打捆贷款。

（4）严格控制向无生产、经营性业务的政府融资平台发放流动资金贷款。

（5）严格控制在相关检查中存在抽逃项目资本金、将贷款资金挪用于其他项目资本金等重大违规行为客户的新增授信。

三、担保方式选择

原则上应要求借款人将符合抵（质）押条件的项目资产或项目预期收益权等权利作为贷款担保，不能抵（质）押的，应要求借款人提供银行认可的其他抵（质）押物或有足够财务实力的担保主体。借款人以土地进行抵押的，抵押土地必须具有合法有效的土地权证，且没有纳入储备用地范围。

第三十五课　铁路行业授信后管理要点

一、行业特点

铁路建设项目的非市场化运作使得建设项目投资约束力不强、实际投资额超过工程概算的情况屡见不鲜。在国家铁路和合资铁路项目建设中，中国铁路总公司是投资主体、决策主体和偿债主体，负责项目的设计、审查、施工和验收，项目建成验收后，交有关铁路局（或合资公司）经营。

设计、施工、运营等单位均为中国铁路总公司下属单位，虽无偿还贷款的压力，但不能盲目地扩大建设规模和增加项目投资。

中国高速铁路（以下简称高铁）具备一定的竞争优势，前景良好。高铁建设和维护成本较高，盈利压力较大，因此，高铁贷款须审慎选择线路，并注重对客运量、资金安排的合理评估。

二、行业信贷投向政策

1. 客户选择。优先支持中国铁路总公司财务司、中国铁路总公司资金清算中心、中国铁路总公司利用外资和引进技术中心及获得中国铁路总公司授权并具有贷款主体资格的铁路局，择优支持中国铁路总公司直属和控股的运输公司、铁路上市公司。

2. 项目选择。新建国家铁路项目应列入《中长期铁路网规划》。优先支持国家干线铁路，包括新线建设项目、既有线路电气化和提速扩能项目；优先支持客运专线项目；优先支持主要客货枢纽及集装箱中心站建设；严格控制支线铁路和地方铁路固定资产贷款；优先支持其机车设备购置项目。

3. 绿色信贷。重点支持有利于经济、环境与社会的可持续项目，以及生态保护、生态建设和绿色产业融资。银行实行环保一票否决制，以环保要求为基础，严格信贷准入，对不符合环保要求、可能对环境造成重大不利影响的项目一律予以否决。

应密切关注授信企业节能减排目标的完成情况和环保合规情况，加强与节能减排主管部门的沟通，对其公布和认定的耗能、污染问题突出且整改不力的授信企业，除与改善节能减排有关的授信外，不得增加新的授信，原有的授信要逐步压缩和收回。

实施有差别的地区信贷政策，参照国家有关部门公布的各省、自治区、直辖市节能减排指标完成情况。在同等条件下，对节能减排显著地区的企业和项目，可优先给予授信支持，对被国家环保部门列入“区域限批”或“流域限批”名单的地区，要从严控制授信。

4. 营销策略。铁路行业核心企业特征明显，应针对核心企业加强产品综合营销。铁路企业在建设期投资额较大，在建设期可对上游钢轨供应商、施工企业和机车车辆供应商开展链式营销。在有效控制风险前提下，通过提供保函、信贷证明、定向采购专项融资等配套授信，实现项目资金在银行内部良性循环，提高综合回报。

由于项目风险主要集中在建设阶段和运营初期的客货源培养阶段，因此在该阶段银行应主要营销投向政策择优支持范围内的企业。对于已建成且运行和收益较稳定、风险低的项目可给予流动资金等授信；对于支线铁路和各省、直辖市、自治区行政部门投资设立的负责地方铁路建设、运营的地方铁路，要充分考虑其车辆调度、线路使用、收入结算等风险要素。

三、信贷管理要求

1. 各项审批、核准手续要齐全，确保贷款发放合法合规。加强对铁路项目资本金到位、建设进度、资金使用等情况的实时监控，当期还须重点关注项目工期安排的科学合理性，是否存在压缩工期的现象。

2. 加强授信调查及审查审批环节的绿色信贷合规性审查，如将企业环保守法、安全生产情况作为授信审查条件，严格审批，严格管理；对项目授信中涉及社区健康和安全、土地征用和非自愿搬迁等内容加强审查；项目授信审查审批过程中，如认为环境和社会风险较高，可邀请外部独立的专家进行评审。

3. 对于由中国铁路总公司或中国铁路总公司授权的铁路局（公司）作为其出资者代表与各省、直辖市、自治区行政部门合资成立的项目法人建设的铁路基建项目，一般应由股东按出资比例提供担保。

4. 密切关注中国铁路总公司投融资体制改革以及铁路系统各成员企业经营、财务情况和重大投资事项的变化。密切关注铁路行业的负债变化和融资能力、举债成本的变化。

5. 对于合资铁路项目贷款，应了解其贷款中是否已包含机车设备购置贷款及与中国铁路总公司直属铁路局（公司）机车设备购置贷款的关系，防止对机车设备购置项目多头融资。

6. 密切关注现有授信项下的项目工程进度，在已出现停工、缓建项目的区域审慎介入新的项目。

7. 铁路行业负债率居高且会出现巨亏的不利局面，应密切关注客户还款来源及还款能力的变动，确保银行贷款按时足额偿还。

【口诀】

地方铁路要慎重，
国家铁路多支持，
授信多用供应链，
投行贷款成套餐。

第三十六课　港口行业授信后管理要点

一、行业管理要点

1. 加强船舶抵押物管理。银行对航运公司授信应尽量争取船舶抵押，并及时办理抵押登记手续。要切实加强抵押物管理，关注船舶抵押物使用情况、物理状态、船舶年检、保险权利及法律权属等因素，跟踪船价的变化，在必要时提出增加抵押物、保证金或提前偿还融资等要求。

2. 关注航运市场运价波动带来的风险。关注不同船型航运市场运价的波动性，预测航运公司的经营现金流状况的变化，持续评估其偿还本息能力及履约能力，尤其要关注无长期客户或租约保障的干散货船运输企业的风险变化。

3. 重视股东背景及其出资能力，关注航运公司的重组和新设。随着航运公司的股份制改造、兼并重组、航运市场开放以及其他企业向航运业的延伸，对由此带来的贷款风险要密切监控。

新建、改建和扩建项目应符合《港口规划管理规定》《港口建设管理规定》的相关要求。沿海新建项目应符合《全国沿海港口布局规划》，内河新建项目应符合《全国内河航道与港口布局规划》，各项审批、核准手续齐全。非国务院或国务院经济综合宏观调控部门批准建设的项目还需取得岸线使用审批手续。

4. 定期走访国内水路运输企业，了解企业经营情况，及时传达国家政策和市场信息；关注企业投融资情况，对于投资增速较快导致港口利用率下降明显的企业加强风险控制，适当压缩融资需求。

5. 在对同一和相近地区港口企业支持的同时，注意位置和功能相似的企业之间的竞争、替代情况，有选择地支持具有良好发展前景的港口企业。

6. 要充分考虑港口的自然条件、港口货物疏运条件、腹地经济发展情况、港口利用率、周边地区同业竞争等因素，防止介入低水平重复建设港口的项目。

二、民营港口企业风险

1. 所处港口群竞争压力大，腹地经济较为疲弱。
2. 短期经营状况尚可，但扩张战略会加大企业长期经营的难度。
3. 长期债务压力大，对新债还旧债的依赖程度高。

【案例】

2017年10月30日，××港集团发行未按期足额兑付本息的公告。从偿债情况来看，公司已向托管机构划付应付利息5860万元，但是尚未能按照约定将回售部分本金按时足额划至托管机构，其中应付回售部分本金为10亿元。而从债券发行情况来看，此债券发行于2014年10月31日，主体评级AA，债项评级AA，发行期限为3+2年，内含第3年末发行人上调票面利率选择权和投资者回售选择权两项条款。债券发行总额为10亿元，根据公告得知投资者均选择了回售。10月31日，联合资信将××港集团主体和债项信用评级等级调降至破产级“C”。

【口诀】

港口融资看股东，
运力重要控风险，
项目贷款看效益，
民营港口要谨慎。

第三十七课　航空行业授信后管理要点

一、行业授信后管理要点

1. 审慎把握飞机融资业务，针对客户综合实力优选机型、合理确定飞机融资额度和期限，进一步提高银行信贷资产质量。应在充分考虑企业综合偿债能力、发展前景以及飞机自身价值变动趋势的基础上谨慎把握。同时，参照飞机折旧期限和飞行年限，合理设定飞机融资业务期限，银行飞机融资业务授信期限一般为 10 年，最长不超过 15 年。

根据飞机融资业务特点，原则上对飞机融资业务应提供一定比例的自有资金。基于飞机交付前的预付款融资尚无法办理飞机抵押登记手续，存在一定的风险敞口，对近年来机队规模扩张较快，自有资金比例较低，负债率较高，资本金来源补充渠道有限的要求其飞机融资业务自有资金比例不低于 10%，且需按单架飞机购机合同金额航空企业，20% 以上，可提供期限 3 年、经银行认可的有实力第三方担保或足额的其他资产抵押的阶段性担保。在飞机转移交付后，相关银行应在 3 个月内办妥合法、有效的抵押手续以及相关保险权益转让，确保银行信贷资产安全。

2. 严格控制流动资金贷款需求，防范短贷置换长贷，注重收益与期限匹配，提高综合效益。航空运输企业一般现金流量较大，短期偿债能力较强，流动资金主要用于航油、备品备件的采购等，单架飞机较难核算流动资金需求，考虑到飞机融资业务还款方式基本上按季、半年或按年逐期偿还，为防范以短期贷款置换长期贷款，除三大航空公司外，对资产负债率超过 85% 的航空企业原则上不得新增流动资金贷款授信，资产负债率超过 90% 的航空企业存量流动资金贷款授信应逐步压缩，并加固担保。对飞机预付款资金需求的流动资金贷款视同飞机融资业务，与购机贷款授信额度组合使用，期限一般不超过 2 年。

3. 适度参与具有良好股东背景的被重组方支线机场改扩建项目。对集团控股的支线机场项目贷款授信，在母公司或核心优势企业提供连带责任担保且综合收益较好的前提下可稳步介入，原则上不得给予该类项目信用授信。

二、民营航空企业授信风险

第一阵营：国航、东航、南航。上述四家航空集团占有中国航空市场的绝大多数份额。

第二阵营：上海航空、山东航空、深圳航空、厦门航空、四川航空。这一阵营的航空公司，一般机队规模在 100 架以内，深航最多，已经超过

140架。这几大中型航空公司，一般比较稳定，盈利能力较大，航线网络稳定并合理，但是发展速度不快，川航、上航、山航，维持在60～90架飞机的规模。第二阵营的企业，都有三大国有航的影子，分属于三大系。比如上航和中国联合航空，属于东航系，厦航属于南航系，厦航还收购了河北航，新成立了江西航。深航和山航属于国航系。

第三阵营：春秋航空、吉祥航空、奥凯航空、成都航空（鹰联航空）、华夏航空等。

民营航空，经营类型也以廉价航空为主。飞机数量从几架到几十架不等，经营效益尚可。适度提供些供应链融资，风险可控。

【监管处罚】

中国银监会××监管分局行政处罚信息公开表
（××银监处罚〔20××〕×号）

（中国××银行股份有限公司××分行）

<table>
<tr><td colspan="3">行政处罚决定书文号</td><td>××银监处罚〔20××〕×号</td></tr>
<tr><td rowspan="3">被处罚当事人姓名或名称</td><td colspan="2">个人姓名</td><td></td></tr>
<tr><td rowspan="2">单位</td><td>名称</td><td>中国××银行股份有限公司××分行</td></tr>
<tr><td>法定代表人（主要负责人）姓名</td><td>×××</td></tr>
<tr><td colspan="3">主要违法违规事实（案由）</td><td>流动资金贷款回流被挪用于固定资产建设</td></tr>
<tr><td colspan="3">行政处罚依据</td><td>《流动资金贷款管理暂行办法》第九条、第三十九条，《中华人民共和国银行业监督管理法》第四十六条，《中国银行业监督管理委员会行政处罚办法》第十五条</td></tr>
<tr><td colspan="3">行政处罚决定</td><td>罚款11万元</td></tr>
<tr><td colspan="3">作出处罚决定的机关名称</td><td>中国银监会××监管分局</td></tr>
<tr><td colspan="3">作出处罚决定的日期</td><td>20××年××月××日</td></tr>
</table>

三、信贷管理要求

1. 银行对国航、南航、东航集团及其控股企业的授信应优先投向于航空运输核心企业。

2. 在飞机融资业务的机型选择上，优先投向100～200座的国内干线航空主力机型，如波音737、空客320系列，审慎控制投向支线飞机机型如CRJ、ERJ、ARJ系列等，应在考虑企业综合偿债能力、发展前景以及飞机自身市场价值变化趋势的基础上谨慎把握，同时依据授信主体实力并适当增加其自有资金投入比率和提高利率水平。飞机预付款融资视同飞机融资业务，须与银行叙做的飞机融资业务挂钩。

3. 在确保办妥合法、有效抵押及相关保险权益转让的前提下，对于国航股份（及其下属子公司）、南航股份（及其下属子公司）、东方航空（及其下属子公司）的飞机融资业务可按其实际支付价款予以全额融资；对机队规模扩张较快、负债率较高等情况的航空企业、飞机融资业务的自有资本金比例不低于10%，或在银行提供融资最初的2～3年内另行提供不低于银行融资金额20%的连带责任担保或足值、合法、有效的抵（质）押担保。

4. 在办理飞机融资业务时，应关注汇率波动可能对银行收益造成的负面影响，尽可能运用“借软贷硬”、套期保值等手段规避汇率风险。

【口诀】

机场资金密集型，
贷款资金要减少，
投行融资占主角，
综合收益为最佳。

第三十八课　交通行业授信后管理要点

一、行业授信后管理要点

1. 高速公路。择优支持省级交通主管部门主导的高速公路建设；择优支持长三角、京津、珠三角地区列入国家高速公路网规划的主骨架、扩容路段和国省干线改造等高速公路项目；严格控制单项高速公路（长三角、京津、珠三角地区国家干线除外）。

2. 非高速公路。择优支持省级交通主管部门主导的、具有收费权（经营收入）且经营现金净流量能够在合理期限内归还银行贷款的非高速公路建设项目；严格控制其他非高速公路、地市级（含）以下交通局和公路局固定资产和流动资金贷款。

3. 运输企业。严格控制银行经营机构所在城市以外的公路客货运输企业授信。

4. 收费公路项目的开展可参考的同业有关标准。

（1）新建行政部门还贷的高速公路。

①贷款保障倍数尺值大于 1.05。

②项目资本金来源及比例应满足国家相关规定。

③科研编制单位须具有甲级工程咨询和设计资质。

（2）新建经营性高速公路。

①贷款保障倍数 *R* 值大于 1.25。

②项目资本金来源及比例应满足国家相关规定。

③科研编制单位须具有甲级工程咨询和设计资质。

④对非交通主管部门所属企业承贷的公路项目，除上述条件外，还须同时满足以下条件：项目资本金来源及比例应满足国家相关规定；落实足额股东担保。

（3）公路收费权转让项目。

①不得介入非高速公路收费权转让项目。

②贷款保障倍数 R 值大于 1.25。

③贷款期限原则上不得超过该公路已核准的剩余收费年限（包含已批准延长的收费期限）减去 3 年，其中对核准收费年限大于规定的，按相关规定执行。

（4）设站收费的公路桥梁、隧道参照相应公路类别、等级。

（5）以银行贷款置换在建或已建成公路原有融资的，参照新项目信贷。其中计算已建成公路贷款保障倍数 R 时，各项指标均取实际发生值。

（6）公路项目贷款应根据企业的实际还款能力合理确定贷款期限，其中银行贷款总额超过 1 亿元或贷款期限超过 3 年的，均要制定具体的分期还款计划，且还款间隔期原则上不得长于 1 个季度。

二、营销策略

公路行业核心企业特征明显，应针对核心企业扩大产品综合营销。公路在建设期投资额较大，在建设期可对上游供应商和施工企业开展链式营销，在有效控制风险的前提下，通过提供保函、保理和信贷证明等配套授信，实现项目资金在银行内部良性循环，提高综合回报。

直接融资成本相对银行贷款较低，用途限制较少，已成为企业资产规模较大的公路行业客户的主要融资渠道，直接融资业务可成为银行加深与公路行业客户合作的方向。

由于项目风险主要集中在建设阶段和运营初期的客货源培养阶段，因此在该阶段银行应主要营销投向政策择优支持范围内的企业；对于已建成的收益稳定、风险低且可以锁定银行授信用途的项目可给予流动资金等授信。

积极营销交通厅、省公路局等省级交通主管部门或行政部门成立的负责全省公路建设及运营管理的公司制国有独资企业。

对于地市级（含）以下交通局和公路局贷款，要充分考虑项目与还款来源的对应关系。

三、信贷管理要求

1. 公路项目贷款原则上应采用收费权质押方式。在质押登记期间如果出现收费权转让、买卖、租赁或主管单位归属变更、分离、合并的情况，应提前报省交通厅审核备案或变更登记证，以保障质押合同的有效性。

2. 对公路桥梁、隧道，应要求借款人投保有关工程或财产保险，并承诺将保险赔付资金用于工程建设或偿还贷款。

3. 对非交通主管部门所属企业，对其发放的公路项目贷款和置换已建成公路原有融资的项目贷款，要严格审查其自有资本金来源的可靠性和真实性，严密监控资本金到位情况和贷款资金使用情况，防止借款人利用公路项目套取银行信贷资金、过度融资以及收购方资金不足和挪用贷款形成的风险。

4. 要加强对公路项目的建设进度、资金使用、车流量、收费、业主经营状况、项目所在区域公路网结构变化情况及重大政策变化等情况的监控。

5. 公路企业融资渠道多样化趋势明显，除银行融资外，债券、信托等渠道融资金额逐渐加大，应加强对公路企业资金链状况监控，对融资规模明显过大的存量企业保持关注。

第三十九课　政府融资平台授信后管理要点

一、行业信贷投向政策

融资平台公司是指由地方政府及其部门和机构等通过财政拨款或注入土地、股权等资产设立，承担政府投资项目融资功能，并拥有独立法人资格的经济实体。

第一类以财政资金为主要还款来源，第二类以自有现金流为主要还款来源。第一类主要在公益性质较强的领域从事投资建设，项目自身缺乏现金流（如城市公交、市政建设、环境保护等），或虽具有一定现金流，但资金需要通过财政实行收支两条线管理的领域（如交通厅、开发区、土地储备中心等）。第二类平台客户的投资活动多形成经营性资产，项目运营市场化程度较高且具有相对充裕的自有现金流，如电力、公路、铁路、自来水、燃气、污水处理等。

1. 严格执行国务院及银监会关于地方政府融资平台贷款管理的相关规定以及银行对地方融资平台贷款的相关管理要求。

2. 在符合政府融资平台贷款监管合规要求的基础上，城市公共交通行业信贷投向政策按照以下标准执行：优先支持直辖市、省会城市以及一级银行所在地公共交通企业，对于轨道交通贷款，其项目规划必须获得国务院批复，线路可行性研究获得国家发改委核准，银行有选择地参与城市轨道交通项目，以银团贷款为主。

（1）对中小城市轨道交通建设谨慎对待，在财政补贴基金、土地增值收益基金等还款保障措施充分落实、综合收益回报较高的前提下，立足于银政合作需要，优选轨道交通主干线路，仅以参与银团方式少量介入。不介入政府投资项目在建规模较大、财政偿债压力过大的城市轨道交通项目。

（2）支持以省级重点地铁工程、公交公司为核心企业的“1 + N”保理及“1 + N”供应商融资保理产品。

3. 考虑到信贷资源的稀缺性，对中长期轨道交通项目贷款，优选项目，控制投入总量，不接受固定利率定价，原则上不介入利率下浮的项目贷款（尤其是银行为参加行身份的银团贷款）。

4. 轨道交通项目贷款应争取落实有效担保措施，原则上对同一项目银行担保方式不得弱于同业。

5. 适度支持出租车行业法人汽车按揭贷款业务。

6. 适度支持提供营运汽车抵押和运营证质押或其他有效担保措施的小微授信业务。

7. 重点支持有利于经济、环境与社会的可持续项目，以及生态保护、生态建设和绿色产业融资。

8. 银行实行环保一票否决制，以环保要求为基础，严格信贷准入，对不符合环保要求、可能对环境造成重大不利影响的项目一律予以否决。

9. 应密切关注授信企业节能减排目标的完成情况和环保合规情况，加强与节能减排主管部门的沟通，对其公布和认定的耗能、污染问题突出且整改不力的授信企业，除了与改善节能减排有关的授信外，不得增加新的授信，原有的授信要逐步压缩和收回。

10. 对得到国家和地方财税等政策性支持的企业和项目，对节能减排效果显著并得到国家主管部门表彰、推荐、鼓励的企业和项目，在符合相关规定的条件下，可优先给予授信支持。

11. 实施有差别的地区信贷政策，参照国家有关部门公布的各省、自治区、直辖市节能减排指标完成情况，在同等条件下，对节能减排显著地区的企业和项目，可优先给予授信支持，对被国家环保部门列入“区域限批”或“流域限批”名单的地区，要从严控制授信。

二、信贷管理要求

1. 银行授信对象应择优支持规划线路预期流量较大、财政扶持政策明确、财政还款保障措施已得到实质性落实的项目。

2. 轨道交通类项目贷款金额大，期限长，一般利率水平较低，对信贷资源占用明显，故银行在参与融资时应积极关注综合效益回报。一是争取在银行开立项目资本金账户、财政补贴专户、票款收入专户等，通过银行办理项目建设及运行期结算业务，结算份额应不低于银行融资份额；二是项目存在设备进口、国外政府转贷款等业务需求的，应充分发挥银行业务优势，争取业务份额；三是积极带动项目建设施工单位、项目附属物业租/驻单位在银行的开户结算。

3. 鉴于轨道交通项目贷款金额大、期限长，银行须积极做好授信后管理，密切跟踪、关注轨道交通项目建设、运营及银行贷款质量，特别防范下列风险：

（1）当地政府财政风险。轨道交通项目多依靠政府财政补贴的方式维持运营，难以在短期内实现盈利。当经济发生波动时，须密切关注当地政府财政收支变化对轨道交通补贴及贷款偿还带来的影响。

（2）宏观政策风险。关注国家加快轨道交通建设的政策变化及轨道交通投融资体制改革对未来轨道交通项目的资本结构、融资模式所带来的影响；关注票价政策调整的影响。

（3）借款主体财务风险。我国当前轨道交通项目建设对银行信贷资金需求量大，项目主体负债率高，项目运营盈利性弱，加之政府垄断所导致的运营效率问题及货币政策调整所导致的企业财务费用变化，银行须密切关注借款主体的财务健康度、资产流动性、营业收入、预期现金流及偿债能力等财务因素变化对银行贷款质量的潜在影响。

（4）突发事件风险。关注轨道交通的建设和运营在面临自然灾害、公共卫生危机、安全等突发事件所遭受的经济损失。

4. 需建立与还款来源相匹配的分年还款计划，严控20年以上的新建项目（轨道交通）固定资产贷款。

5. 针对中小型出租车行业客户授信，建议在银行开立还款专户，要求每月的运营收入归集至该账户，实现资金的封闭式管理。

6. 关注公共交通行业内部竞争所带来的风险。许多大城市基本形成了立体式的公交网络，包括地面常规公交、轻轨、地铁和出租车等。

长期看，随着轨道交通和公交专用道的建设，对出租汽车的营业收入的影响需要关注。但是出租车较多的城市，由于出租车方便、灵活，对乘客有较强的吸引作用，使公交企业面临客运市场激烈竞争的局面，形成了风险。此外，私家车数量的快速增长也会使公共交通企业失去一部分客源。

政府平台要点：

政府平台贷款优，公开预算要细看。

保障住房第一选，路桥园区第二看。

形象工程要回避，公共资源要开户。

政府存款要配套，银政合作总对总。

第四十课　一般批发零售业授信后检查要点

一、批发零售业信贷政策

1. 客户信贷投向政策。

（1）综合零售类企业。择优支持全国零售百强企业中的大型零售企业集团及市场份额占比高、供应链成熟的区域零售龙头企业；择优支持以拥有自有商业地产、区位条件优越、盈利水平较高的大型内地百货和超级市场以及外资龙头企业为核心客户开展的供应链营销业务。严格控制向注册地或主要经营管理机构所在地无银行经营机构的企业提供授信。

（2）贸易经纪与代理企业。择优支持拥有稳定的国外客户群、订单落实、国内拥有充足的配套加工能力的出口型外贸公司，以及国外供应商、国内采购商稳定且履约能力良好的进口型外贸公司。

（3）其他一般批发零售行业企业。择优支持以平台模式开展内贸类企业业务，特别是在专业性较强、管理规范的全国知名市场内的贸易、物流类企业；择优支持经营专业化程度高、信贷风险缓释措施落实的内外贸企业。

2. 中小企业信贷投向政策。

重点支持民生消费领域的零售商业客户以及与大型百货和超市具有长期稳定供货关系的供应商。

严格控制主营业务不突出、区域或产品优势不明显、上下游合作关系不稳定、涉及多元化投资的居间交易类批发零售客户授信。

3. 小微客户投向政策。

重点支持民生消费领域的零售商业客户以及与大型百货和超市具有长期稳定供货关系的供应商。

二、营销模式要点

1. 对已建成且物业产权自有的零售企业，可开展经营性物业抵押贷款业务的营销。

在零售商业物业选择方面，银行应选择大型超市、百货店、专业店、专卖店、购物中心进行经营性物业抵押贷款业务的营销。

在物业区位准入方面，原则上应选择位于中心商务区或城市中心繁华地段人流量大、交通便捷、商业氛围浓厚的零售物业进行营销。此外，还要关注物业的市场定位、规模和出租方式。通过对周边经济发展水平、人口规模、结构、消费水平、消费习惯等要素的调查，确定物业是否具有较好的市场适应性，物业所形成的商圈的辐射度（本区域、本市、周边城市）是否具有较强的稳定性，其营业规模与商圈范围大小应相匹配等因素。

2. 其他营销策略。

对零售类企业，应加强企业结算账户管理，积极争取与其上下游客户之间的结算往来，提高授信综合收益。

对批发类企业，应以贸易融资和供应链融资为抓手，积极推广厂商回购下的产业链融资、应收账款质押、保理、国内信用证等国内贸易融资模式，鼓励使用信保项下贸易融资、保理等进出口融资产品，同时结合大宗商品特点，选择开展保兑仓、银行认可的第三方监管项下仓单质押等业务。

三、信贷管理要求

1. 贸易企业具有轻资产、高杠杆的特征，即实体资产较少，资产周转速度快，对银行融资依赖程度高，自身抗风险能力偏弱，对于企业的经营管理能力和资金管理能力要求较高，经营模式和资产质量的变化均可能直接影响其可持续经营能力，故对于资产负债率过高、上下游议价能力弱的企业应审慎给予授信支持，防范过度融资风险。

对于内贸企业，应关注企业管理能力和盈利模式，重点支持在全国或银行所在区域内已拥有一定市场份额，行业排名靠前，已实现采购、销售、结算集约化经营的企业。此外，在宏观经济下行形势尚未出现转折的情况下，需关注企业上下游客户质量及结算方式变化情况、资金链状况和民间借贷情况，结合企业收入资金周转情况设定合理的融资规模。

2. 对于商业零售企业，应关注其盲目扩张风险，对于企业资产负债率过高、门店扩张速度过快、单店盈利能力降低、成本费用上升过快的企业，应严格控制银行授信额度，防范授信风险。

3. 在方案设计上，银行短期授信产品类别和期限应与企业自身经营周期相匹配，并争取将企业日常资金结算流水放在银行进行监管，加大对企业现金流的贷后监控力度。

4. 对于主要经营大宗商品贸易的企业，应关注其境内外期货交易情况，掌握企业期货业务操作流程和风险控制措施，测算期货交易量与其实物贸易额是否匹配，严格控制存在期货投机交易行为的企业授信。

四、风险防范要点

1. 关注有特定资质和渠道的部分子行业。由于关系国计民生和百姓生命安全，部分批发子行业仍须实行特许或专营制度，如目前盐、烟草和基础能源产品（原油、成品油等）属于国家高度垄断行业，其批发价格、企业准入标准等均由国家行政控制，而医药和医疗器械批发价格和准入也要受到国家严格监管。在此类子行业中，公司运营资质成为该公司开展经营活动的必备条件，只要打通公司经营资质的市场流通环节，资质类的产权质押信贷值得银行关注。

2. 落实授信后对抵（质）押物价格动态评估。银行不仅要加强批发行业授信客户资金流与物流的对应管理，授信提用时应明确具体用途和资金使用方向，逐笔掌握资金的真实流向。对仓单、保兑仓单等动产抵（质）押融资业务，应严格落实与核心企业、经销商及第三方监管公司间的业务协议，明确并规范各方职责，切实防范操作风险，还要建立抵（质）押物价格评估机制，防范抵（质）押品价格波动带来的风险。对于采取存货动产质押、股权质押的授信业务应定期对抵（质）押物价值及变现能力进行重新评估，动态抵（质）押率原则上不高于50%。

【案例】

银行贷款风险案件

原告××银行××分行××支行（以下简称××支行）诉称，20××年2月16日，原告与被告重庆×××商业有限公司（以下简称重庆公司）签订借款合同，约定原告向重庆公司发放贷款2000万元，期限1年，自20××年3月2日至20××年3月2日，年利率为6.372%。该笔贷款由被告北京×××会员购物企业中心（以下简称北京中心）提供连带责任保证，并就此与原告签订借款保证合同。其后，原告按约发放了贷款。被告重庆公司自20××年9月21日起未按时支付贷款利息，构成违约，现借款本金亦只偿还部分，故请求：（1）判令被告重庆公司偿还所欠原告贷款本金19966508.3元，截至20××年12月20日的利息322140元及自20××年12月21日起到付清日止的利息和复利；（2）判令被告北京中心对该笔贷款本息承担连带保证责任；（3）诉讼费用由二被告承担。

原告××支行为支持自己的请求，向法院举示了如下证据：（1）借款合同及借款凭证；（2）借款保证合同；（3）还款凭证；（4）被告重庆公司的公告；（5）欠息明细清单。上述证据经法院审核原件，本院对其真实性、合法性和关联性予以确认。

被告重庆公司与北京中心均未作答辩，亦未提交任何证据。

经审理查明，20××年2月16日，原告××支行与被告重庆公司签订借款合同一份。该合同约定，××支行向重庆公司发放借款2000万元，期限1年，自20××年3月2日至20××年3月2日，年利率为6.372%，按季结息；重庆公司有拖欠本金或利息的行为，即可构成违约事件，有违约事件发生时，××支行有权单方面宣布本合同项下已发放的贷款本金全部提前到期，并要求重庆公司立即偿还所有贷款本金并结清利息。该合同还约定，借款人重庆公司未按时足额偿还贷款本金、利息的，××支行按约定的贷款利率加收30%的罚息，即为8.2836%。同日，××支行与被告北京中心签订借款保证合同一份，约定由北京中心为签署重庆公司向××支行的贷款2000万元提供连带责任保证担保，保证范围为借款合同项下的贷款本金及利息、复利、罚息和贷款人实现债权的诉讼费用、律师费用、通知费用、催告费用以及其他相关费用；保证期间为借款到期日后两年。上述借款合同及保证合同签订后，××支行于20××年3月2日向重庆公司发放了借款2000万元。重庆公司除分别于20××年1月10日和20××年5月25日归还了借款本金共计48650.64元并支付了20××年9月20日前的借款利息外，未再按时支付贷款利息和偿还借款本金。20××年1月8日，重庆公司在其营业地张贴公告，称公司总部资金链断裂，导致该公司已无力经营，请各供货商及其他债权人通过向法院提起诉讼的方式解决善后事宜。××支行遂向法院提起诉讼。

庭审中，××支行陈述，因在其向法院提起诉讼后，其于20××年5月25日，又通过扣划方式从重庆公司收回贷款15158.94元，故其第一项诉讼请求中主张的重庆公司尚欠借款本金应相应减少为19951349.36元。同时，××支行还明确，其关于利息请求的计算标准为：从20××年9月21日起至20××年12月20日止的欠息，按合同约定借款利率即年利率6.372%计算，金额为322140元，从20××年12月21日至20××年3月2日止，按合同约定借款利率即年利率6.372%计算，从20××年3月3日至本金付清时止，按约定罚息利率即年利率8.2836%计算。同时，应按人民银行规定计收复利。

法院认为，××支行与重庆公司、北京中心分别签订的借款合同和借款保证合同，均是各方当事人的真实意思表示，内容合法，均属有效。××支行按约向重庆公司发放借款后，重庆公司在借款期内未能按约定时间支付借款利息，自20××年9月21日起开始欠息不付，本已构成违约。按照××支行与重庆公司签订的借款合同的约定，当违约事件发生时，××支行有权提前收回对重庆公司的全部贷款本息，并计收复利。同时，重庆公司亦因自身无力继续经营，对外发布公告，要求各债权人通过起诉方式解决债权债务等事宜，故××支行向法院提起诉讼时，虽然借款合同约定的借款期限尚未届满，但××支行的诉讼行为和权利主张有合同依据和法律依据，对××支行关于重庆公司应偿还其借款本金19951349.36元及相应利息、复利的诉讼请求，法院予以支持。由于北京中心为重庆公司的该笔借款提供了连带责任保证担保，故北京中心亦应对重庆公司向××支行还本付息的给付义务承担连带清偿责任，原告××支行的该项诉讼请求法院亦予以支持。综上所述，原告××支行的全部诉讼请求，证据充分，法院予以支持。法院判决如下：

由被告重庆×××商业有限公司在本判决生效后十日内向原告交通银行××分行××支行偿还借款本金19951349.36元和截至20××年12月20日的尚欠利息322140元，以及20××年12月21日以后的利息、逾期利息（从20××年12月21日起至20××年1月10日止，以2000万元为基数，按年利率6.372%计付利息；从20××年1月11日起至20××年3月2日止，以19966508.30元为基数，按年利率为6.372%计付利息；从20××年3月3日起至20××年5月25日止，以19966508.30元为基数，按年利率8.2836%计付逾期利息；从20××年5月26日起至借款本金付清时止，以19951349.36元为基数，按年利率8.2836%计付逾期利息），并按中国人民银行关于复利的规定给付复利。

第四十一课　机械设备、交通运输工具等固定资产抵押授信后检查要点

检查要点

1. 相关合同检查。

（1）检查抵押登记相关合同等法律文书是否齐全。

（2）检查抵押登记相关合同等法律文书的文本、填写、签字、印章等是否齐全、规范、有效。

（3）检查抵押登记相关合同等法律文书的内容是否填写齐全、正确。

（4）检查抵押登记相关合同等法律文书存放和保管是否符合规定。

2. 抵押物现场检查。

（1）现场检查抵押物名称、规格、型号等是否同抵押合同一致。

（2）现场检查抵押物数量是否减少、是否毁损。

（3）现场检查抵押物的产权是否发生变化。

（4）现场检查抵押物的价值是否发生异常变化，抵押价值是否充足。以交通运输工具抵押的，根据机动车近三年来保险公司理赔情况和安全技术

检验合格证明，综合预测车辆未来价值贬损规律，从而审慎判断抵押率。

（5）现场检查抵押物的使用情况，如使用人、有形损耗、性能变化等情况，判断对银行抵押权的影响。

（6）检查抵押物的隐性贬值（即由于技术提高、性能改善更新换代、替代产品出现、价格降低等变化原因导致的相对于有形折旧而言的抵押物价值降低）情况，必要时要求借款人追加抵押物或提前偿还贷款本息。

（7）检查有无重复抵押。

（8）检查抵押物有无产权纠纷，抵押人对抵押物是否拥有充分的处分权，判断银行对于抵押物的控制能力和对实现抵押权的影响。

（9）检查抵押物保管人对于抵押物的保管、保养情况。

3. 对于以第三人提供抵押担保的，应在检查抵押物自身情况的同时检查抵押人的经营状况和财务状况，避免因在抵押权设定一年内抵押人申请（被申请）破产导致抵押权被认定为无效。

4. 对于以海船抵押的，要检查船舶所有人、光船承租人、船舶经营人是否有以下事项发生，以避免船舶优先权和船舶留置权对银行抵押权的潜在影响（根据《中华人民共和国海商法》，船舶优先权先于船舶留置权受偿，船舶抵押权后于船舶留置权受偿）。

（1）检查船长、船员和在船上工作的其他在编人员根据劳动法律、行政法规或者劳动合同所产生的工资、其他劳动报酬、船员遣返费用和社会保险费用的给付请求。

（2）检查在船舶营运中发生的人身伤亡的赔偿请求。

（3）检查船舶吨税、引航费、港务费和其他港口规费的缴付请求。

（4）检查海难救助的救助款项的给付请求。

（5）检查船舶在营运中因侵权行为产生的财产赔偿请求。

（6）造船人、修船人在合同另一方未履行合同时，留置所占有的船舶，以保证造船费用或者修船费用得以偿还的权利。

（7）检查船舶抵押人经营管理的其他船舶肇事情况，避免因为抵押人经营管理的其他船舶肇事造成抵押船舶被扣押。

对于风控流程，首先要请评估师对车况进行评估，包括判断车辆是否损坏、是否修过、是否换过零件等。不过，车辆估值也有很多影响因素，车辆牌照（如上海大牌、沪 C 牌照、外地牌照等）、车辆市场价格、购车年限、行驶里程、有无重大交通事故记录、有无交通违章记录、是否按揭车等都会影响车辆估值。

【政策依据】

依据为《船舶登记条例》《民用航空器权利登记条例》。

第四十二课　房地产抵押、土地使用权质押授信后检查要点

一、抵押物现场检查

1. 现场检查抵押房产是否完好，周围环境、重要配套公用设施等是否发生重大变化，商业用房抵押的要检查区域经营环境是否发生了较大变化，是否影响抵押房产的变现能力和价值，必要时可要求借款人更换或追加抵押物等担保措施。

2. 检查抵押房产的使用情况，看是否有不利于银行实现抵押权的不利因素。

3. 以土地使用权质押的，现场检查抵押土地面积的充足性，当前开发及使用等情况，看周围环境是否有不利于变现的因素发生，判断变现能力及对银行实现抵押权的影响。

4. 通过房地产市场、相关政策、区域内公共设施、交通等相关因素的变化，检查所抵押土地价值的变化，判断抵押价值是否充分。

5. 检查抵押的房地产是否存在虚假抵押、重复抵押等情况。

二、抵押授信风险

1. 抵押登记权的风险。

（1）“一物多押”的风险。《担保法》第三十五条第二款规定，财产抵押后，该财产的价值大于所担保债权的余额部分，可以再次抵押，但不

得超出其余额部分。借款人将房产抵押给多家银行后，一旦破产倒闭，抵押房产将很难处置变现。

（2）土地使用权的风险。银行办理房产抵押登记手续时，如果只是办理了房产抵押登记，而没有办理土地使用权质押登记，抵押的房产将无法处置变现。另外，我国法律规定：集体土地不可以用来抵押。因此，农村的集体土地如果用来办理抵押贷款，必须转化为国有土地。

（3）登记期限的风险。银行办理房产抵押贷款时，如果将贷款的期限与抵押物登记的期限设为一致，一旦贷款到期无法收回，抵押登记也将到期，银行将无法处置抵押房产。

2. 土地性质引发的风险。

（1）土地使用期限。我国的土地性质分为划拨土地和出让土地，土地性质不同处置难易程度也不同。划拨土地是国家在实行土地出让制度前实行的由政府部门批准，在土地使用者缴纳补偿、安置等费用后将土地交付其使用，或者将土地使用权无偿交付给土地使用者使用的行为。出让土地则是指开发商以有偿的方式取得土地，并向国土资源部门支付土地出让金。这样的土地具有使用年限，属于住宅类土地的使用期限为 70 年，属于工业类土地的使用期限为 50 年。银行办理房产抵押贷款时，如果不注意土地的使用年限，将给处置土地上的房产埋下隐患。

（2）处置费用。对于出让土地性质的房产交易，由于房地产开发商此前已缴纳了土地出让金，在办理土地使用权转让时不需要再缴费；属于划拨用地性质的房屋土地，处置房产时需要向国土资源部门补交一定比例的土地出让金。银行办理房产抵押贷款时，如果不注意土地的性质，将可能增加处置抵押房产的费用。

3. 土地用途变更的风险。出让土地根据用途不同有很多种，其价值是完全不同的。工业、仓储等类的出让土地，由于其取得成本低廉，如果能够转变为住宅、商业、旅游、娱乐等用途的经营性用地，其价值可数倍增长。《土地管理法》第五十六条规定，建设单位确需改变土地建设用途的，经有关人民政府土地行政主管部门和城市规划行政主管部门同意后，报原批准用地的人民政府批准。借款人在办理房产抵押贷款后，如果私自变更土地的用途，如将仓库用地变更为娱乐中心用地，根据我国法律规定，国家可以无偿收回土地使用权，银行将无法处置抵押房产。

4. 在建工程抵押的风险。

（1）建设工程价款优先权。根据最高人民法院《关于建设工程价款优先受偿权问题的批复》，人民法院在审理房地产纠纷案件和办理执行案件中，建筑工程的承包人的优先受偿权优于抵押权和其他债权。按照上述规定，在建工程承包人的优先受偿权优于抵押权的优先受偿权，这不利于银行处置抵押房产用于归还贷款。

（2）税收优先权。《税收征收管理办法》第四十五条第一款规定，税务机关征收税款，税收优先于无担保债权，法律另有规定的除外。该规定表明，只要纳税人欠缴税款的行为发生在纳税人以其财产设定担保之前，即纳税人欠缴税款在先，以其财产设定担保在后，税收就优先于担保物权这种私权力。

5. 共有财产抵押的风险。

《最高人民法院关于适用〈中华人民共和国担保法〉若干问题的解释》第五十四条规定，共同共有财产进行抵押时，共有人以其共有财产设定抵押，未经其他共有人的同意，抵押无效。借款人用共有财产办理房产抵押贷款时，如果银行没有要求借款人和财产共有人共同签字，就会自动丧失抵押权，从而形成风险。

6. 抵押房产评估价格的风险。评估机构管理不规范，在房产评估价格上有时不公正，往往根据评估的用途抬高或降低估价。借款人申请贷款时，评估费用由借款人支付，评估机构可能故意抬高房产的评估价格，让借款人能够申请更多的贷款；当银行拍卖抵押的房产时，评估机构又会故意降低房产的评估价格。

7. 房产处置执行风险。《最高人民法院关于人民法院民事执行中查封、扣押、冻结财产的规定》第六条规定，对被执行人及其所扶养家属生活所必需的居住房屋，人民法院可以查封，但不得拍卖、变卖或者抵债。根据该规定，如果借款人用唯一的一套住房办理了抵押贷款，即使到期不还贷，法院、银行也无权处置抵押物。

三、防范房产抵押贷款风险的对策

1. 深入调查，防止“先租后抵”。银行办理房产抵押贷款前，要认真做好贷前调查工作，详细了解借款人用来抵押的房产是否已经租赁给他人。对已经出租的房产，银行不予办理抵押贷款，防止出现“先租后抵”问题。当然，如果出现“先抵后租”的情形，即抵押人在设定抵押权后，又将抵押物出租。在这种情况下，已登记的抵押权的效力优先于租赁权，银行可以办理房产抵押贷款。

2. 认真办理抵押登记。银行办理房产抵押登记前，要调查清楚抵押的房产是否属于“一物多押”。如果属于“一物多押”，银行要经常开展贷后检查，掌握借款人和抵押房产的情况，一旦出现影响贷款归还的不利因素，及早采取有力措施，尽量减少贷款损失。办理抵押贷款时，银行应要求借款人将房产和土地使用权一并抵押，以便处置变现。房产抵押登记的期限比抵押贷款的期限要长，银行应有充足的时间处置抵押房产。

3. 注意土地的性质和使用期限。银行办理抵押贷款前，要调查清楚房产所占用土地的性质，对于出让土地要分清是属于住宅类还是属于工业类。根据土地的性质，查看土地使用期限是否到期，对即将到期或已经到期的土地，其地上附着物不得办理抵押贷款。对于划拨用地性质的房屋土地，银行应与借款人签订合同，要求借款人在处置房产时补缴土地出让金。

4. 加强贷后检查，防止土地用途变更。银行办理房产抵押贷款前，应查看土地使用证上填写的土地用途与借款人实际使用用途是否一致。如果不一致，不予办理抵押贷款。即使办理前一致，银行也应在贷款发放后进行贷后检查，查看借款人土地实际用途是否发生变更，根据情况及时采取有效措施。

5. 对在建工程抵押贷款重点管理。由于在建工程具有特殊性，在受偿权上不利于银行，因此，银行应适当降低在建工程抵押贷款数量。对发放的在建工程抵押贷款，银行应进行单独管理，要求借款人把基本存款账户设在本行，往来款项要通过本行办理，随时监督借款人的资金使用情况。

6. 共有财产抵押要求所有财产共有人签字。银行在办理房产抵押贷款时，应通过房产证和其他途径详细了解房产的实际所有权情况。对共有财产，要真正掌握究竟有多少个财产共有人，财产共有人是否同意用房产抵押办理贷款。只有经财产共有人全部同意，银行才可以给予办理，同时还应要求所有财产共有人共同签字。

7. 银行应培养自己的房产评估师。为准确获得抵押房产的评估价格，银行应主动培养自己的房产评估师，对抵押房产作出公正、公平的估价。虽然银行无权决定评估机构对抵押房产所作的估价，但可以根据自己的实际评估价格确定贷款发放的额度。在房产评估中介机构作出评估报告后，银行内部的评估师应对抵押房产进行二次估价，根据自己的评估价格，按照一定的比例确定实际发放贷款的金额，掌握贷款发放的主动权。

8. 调查清楚借款人的房产数量。银行发放房产抵押贷款时，应详细调查清楚借款人的实际房产数量，查看有无弄虚作假、欺骗隐瞒的现象。如果借款人仅有一套居住房屋，银行一律不予办理抵押贷款；如果借款人有多套居住房屋，但存在法律纠纷，银行也不能办理，应在法律纠纷解决后，根据实际情况确定是否办理。

9. 重视借款人第一还款来源。银行发放房产抵押贷款时，要考虑借款人的第二还款来源，更重要的是重视第一还款来源，不仅要对借款人进行担保分析，而且要对借款人进行财务分析、现金流量分析和非财务分析，对借款人经常开展贷后检查，动态反映贷款形态，从根本上提高房产抵押贷款的质量，有效防范房产抵押贷款风险。

【业务流程】

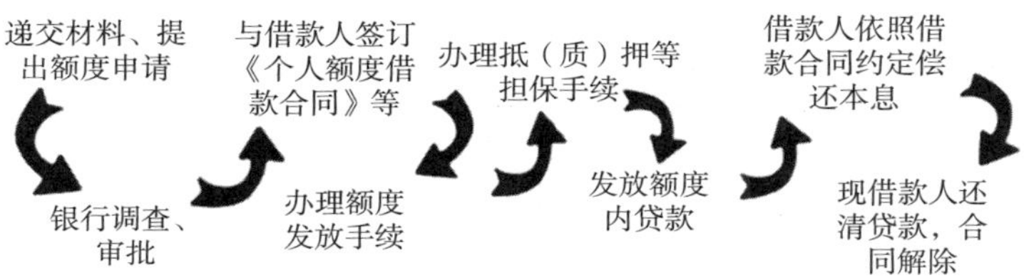

图 42－1　房地产抵押、土地使用权质押授信业务流程

【监管案例】

××银监分局行政处罚信息公开表

（中国××银行××城区支行）

<table>
<tr><td colspan="3">行政处罚决定书文号</td><td>××银监罚决字〔20××〕×号</td></tr>
<tr><td rowspan="3">被处罚当事人姓名或名称</td><td colspan="2">个人姓名</td><td></td></tr>
<tr><td rowspan="2">单位</td><td>名称</td><td>中国××银行××城区支行</td></tr>
<tr><td>法定代表人（主要负责人）姓名</td><td>×××</td></tr>
<tr><td colspan="3">主要违法违规事实（案由）</td><td>（严重违反审慎经营规则）该支行在某商业用房项目授信管理中在实际并未办理抵押房地产预约登记手续的情况下，实施了授信，实施授信后，未对贷后管理要求的“抵押登记手续是否完备”进行进一步的核查，对其授信工作人员亦未按照规定时间和程序对授信和担保物进行授信后检查，未依法依规追究责任，致使商业用房按揭贷款抵押物登记手续长期缺失，担保落空</td></tr>
<tr><td colspan="3">行政处罚依据</td><td>《中华人民共和国银行业监督管理法》第二十一条第三款及《中华人民共和国银行业监督管理法》第四十六条第（五）项</td></tr>
<tr><td colspan="3">行政处罚决定</td><td>罚款 20 万元</td></tr>
<tr><td colspan="3">作出处罚决定的机关名称</td><td>中国银监会××监管分局</td></tr>
<tr><td colspan="3">作出处罚决定的日期</td><td>20××年××月××日</td></tr>
</table>

第四十三课　非上市公司股权等质押授信后检查要点

一、检查要点

1. 检查质押权证质押登记情况，防止操作和管理原因导致的操作风险。

2. 检查经营状况，判断质押物价值是否发生贬值或变现能力下降导致抵偿能力不足。

二、操作要点

1. 股权出质设立登记。根据《工商行政管理机关股权出质登记办法》第五条的规定，申请股权出质设立登记，应具备下列条件：申请出质登记的股权应当是依法可以转让和出质的股权。对于已经被人民法院依法冻结的股权，在解除冻结之前，不得申请办理股权出质登记。以外商投资的公司的股权出质的，应当经原公司设立审批机关批准后方可办理出质登记。

2. 股权出质变更登记。根据《工商行政管理机关股权出质登记办法》第八条的规定，申请股权出质变更登记，应具备下列条件：出质股权数额变更的，以及出质人、质权人姓名（名称）或者（3）出质股权所在公司名称更改的，应当申请变更登记。

3. 股权出质注销登记。根据《工商行政管理机关股权出质登记办法》第十条的规定，申请股权出质注销登记，应具备下列条件：出现主债权消灭、质权实现、质权人放弃质权或法律规定的其他情形导致质权消灭的，应当申请办理注销登记。

4. 股权出质撤销登记。根据《工商行政管理机关股权出质登记办法》第十二条的规定，申请股权出质注销登记，应具备下列条件：质权合同被依法确认无效或者被撤销的，应当申请办理撤销登记。

三、所需材料

1. 股权出质设立登记提交的材料。

（1）申请人签字或者盖章的《股权出质设立登记申请书》。

（2）记载有出质人姓名（名称）及其出资额的有限责任公司股东名册复印件或者出质人持有的股份公司股票复印件（均需加盖公司印章）。

（3）质权合同。

（4）出质人、质权人的主体资格证明或者自然人身份证明复印件（出质人、质权人属于自然人的由本人签名，属于法人的加盖法人印章，下同）。

（5）国家工商行政管理总局要求提交的其他材料。

指定代表或者共同委托代理人办理的，还应当提交申请人指定代表或者共同委托代理人的证明。

2. 股权出质变更登记提交的材料。

（1）申请人签字或者盖章的《股权出质变更登记申请书》。

（2）有关登记事项变更的证明文件。属于出质股权数额变更的，提交质权合同修正案或者补充合同；属于出质人、质权人姓名（名称）或者出质股权所在公司名称更改的，提交姓名或者名称更改的证明文件和更改后的主体资格证明或者自然人身份证明复印件。

（3）经出质人与质权人协商一致的书面文件。

（4）国家工商行政管理总局要求提交的其他材料。

3. 股权出质注销登记提交的材料。申请股权出质注销登记，应当提交申请人签字或者盖章的《股权出质注销登记申请书》。

指定代表或者共同委托代理人办理的，还应当提交申请人指定代表或者共同委托代理人的证明。

4. 股权出质撤销登记提交的材料。

（1）申请人签字或者盖章的《股权出质撤销登记申请书》。

（2）质权合同被依法确认无效或者被撤销的法律文件。

指定代表或者委托代理人办理的，还应当提交申请人指定代表或者委托代理人的证明。

第四十四课　上市公司股票授信后检查要点

一、时刻盯住借款人

借款人一般为上市公司的大股东，借款人本身的经营能力是第一关注事项。如果上市公司的大股东出现大量并购、资本运作行为，就需要贷款。

二、每日盯股票

1. 以股权股票质押的，检查股权、股票价值或价格的变化波动情况，以防质押物价格快速大幅下降对银行质押物的价值产生不良影响。

质押股票市值随股票市场的变化而波动，如果质押率设定不合理，特别是当质押股票遇到突发事件连续跌停时，银行难以对巨额质押股票及时平仓，此时，信贷资金面临风险敞口。

2. 明确股票质押率上限不得超过 60%，接受单只 A 股股票质押比例分别不得超过 30%、15%，单只 A 股股票市场整体质押比例不超过 50%。

3. 用于质押贷款的股票原则上应业绩优良，流通股本规模适度，流动性较好。上一年度亏损的，或价格波动幅度超过 200% 的，或可流通股股份过度集中的，或证券交易所停牌或除牌的，或证券交易所特别处理的股票均不能成为质押物。这一规定意味着，证券公司如果想最大限度地利用其质押贷款的额度，那么它会首选已经得到市场认同的、稳健的“绩优股”，而非未来的“绩优股”。股票的风险衡量由银行来确定，从稳妥的角度出发，股价稳定、业绩好、财务健康的上市公司无疑会成为银行的首选。

蓝筹股的质押率为 40%，普通股的质押率为 30%。

4. 一家商业银行接受的用于质押的一家上市公司股票，不得高于该上市公司全部流通股票的 10%。一家证券公司用于质押的一家上市公司股票，不得高于该上市公司全部流通股票的 10%，并且不得高于该上市公司已发行股份的 5%。被质押的一家上市公司股票不得高于该上市公司全部流通股票的 20%。这决定了证券公司需分散投资，避免只有少数个股受到追捧。

5. 股票质押率最高不能超过 60%，质押率是贷款本金与质押股票市值之间的比值。这意味着流通市值大的股票比流通市值小的更容易受到券商的青睐。

【案例】

××油气股份有限公司关于广西××全部清偿××银行债务并办理解除股份司法冻结的公告

2017 年 7 月 25 日，××油气股份有限公司（以下简称公司）对外披露了《关于控股股东减持 8680 万股股份计划的公告》，广西××实业集团有限公司（以下简称广西××）质押给××××股份有限公司（以下简称××××）的 8680 万股触及平仓线，本次股票质押的资金提供方××银行通过××证券（上海）资产管理有限公司（以下简称资产管理人）向广西××发出了强制平仓的通知。2017 年 7 月 26 日，××银行通过资产管理人向深圳市中级人民法院申请冻结广西××持有的公司 665081232 股股份。

截至本公告披露日，广西××已全部清偿上述 8680 万股股份质押项下的融资本金、利息等相关费用。××银行已向资产管理人发出指令，通过资产管理人向深圳市中级人民法院申请解除对广西××持有的公司 665081232 股股份的司法冻结。深圳市中级人民法院将依据法律和当事人的申请尽快办理上述司法冻结解除手续。同时，××证券也将尽快办理上述 8680 万股股份的质押解除手续。

××油气股份有限公司

董事会

2017 年 9 月 13 日

【口诀】

股票质押要谨慎，出质平仓警戒线，

大盘股票要记牢，随时盯盘控风险。

第四十五课　货押业务检查要点

一、产品定义

货权质押业务，是指借款人将自有的动产（包括外购商品、库存原材料、库存产品等）或货权质押给银行，银行通过对质押物实施占有或监管而发放的一种短期流动资金授信业务。

二、检查要点

检查质押货物的数量是否充足，检查出质人的财务报表，对比出质人资产负债表中存货等科目余额，分析质押物价值是否合理，是否存在多头质押的嫌疑，对于存货余额明显低于动产质押贷款余额的企业应给予高度重视。

1. 检查仓储方的仓储条件是否满足质押商品的保管要求。

2. 检查质押物是否适销对路，是否有积压情况以及质押物的价格波动情况，分析质押货物的变现能力。

【案例】

××市××金属材料有限公司是银行唯一的未来货权业务客户，根据货押方案批复未来货权质押为静态管理，现货质押为动态管理。该客户在实际操作中，对于未来货权质押的货物未能及时办理出质手续，曾经存在两种情况：一是客户于发货到期日将银行承兑汇票敞口部分对应的货物一次性出质，同一天办理出质、核库、提货，与企业实际货物进出情况不一致。二是客户的部分到货未在银行批复规定的60天发货期内完成全部出质，最长期限达到赎货到期日。但是前述情况的相关融资已全部结清，后续出账暂未发现异常。

三、物流企业风险

物流企业作为第三方介入融资过程，一方面可能会为拉拢自己的客户而向金融机构提供虚假数据，这种粉饰可能会误导金融机构；另一方面，由于物流企业所搜集的信用风险管理数据信息只是原始数据，在制造企业和物流企业间存在信息不对称的情况下，信用风险管理决策的正确性就存在很大的风险。

四、仓单的标准设定

为尽量避免对抗不了第三人的情况出现，建议入库质物按批次附合同、发票（如合同约定交付为权责转移的需附交接签收）及前道运输单据等，货押期间的换货等每一笔均需按上述流程确认产权，由于日常库存变动可能频繁，这部分工作由物流公司执行较为合适，物流公司应将上述单据原件核查后留底复印，并在复印件上签章以明确责任等。

【报告分析】

货押业务情况报告

银行现货质押客户——A有限公司目前货押业务余额为14000万元，质押物为含铁量大于60%的铁矿粉（石），监管人为B有限公司镇江分公司，监管地点为C有限公司辖下的大港、金港及龙门三个港口（镇江新区大港镇），监管模式为输出监管。在日常核查库工作中，银行发现该出质人的质押物存在以下问题：

1. 质物所有权不明晰。监管人出具的货位示意图中，质押物标识的船名、吨数与出质时提供的单据不符。

2. 质押物周转问题。在周转期内，质押物出库数量不能达到融资金额所要求的最低出质数量，通过监管人每日提供的库存报表数据也能看出，质押物已连续3个月以上未发生出入库情况。

3. 质押物质量问题。质押物长期处于静置状态，其表面出现大量杂草。据监管人汇报，质押物为较高品位的铁矿粉（石），出质人目前不以该种铁矿石为主要生产原料。出质人有为办理单纯融资而质押的嫌疑。

4. 质押物公示问题。监管标识牌没有标识出质押物对应的船名及吨数，经多次协商未见明显好转，同时监管场地实际所有人——C集团有限公司限制监管标识牌的悬挂，妨碍了银行对质押物的公示。

5. 监管场地不达标。监管场地分为两个区，其中一个区及另一个区的一部分为未铺设路面，道路崎岖，一遇雨天泥浆深达半米，小型车辆及行人均无法通行，对于分行定期核查库及监管人每日的实地巡库有较大的阻碍。

综上所述，该笔现货质押业务存在较多风险隐患，分行已通报监管人、出质人及经营部门。

中国________银行分行

【案例】

A钢铁有限公司与B钢材仓储有限公司仓储合同纠纷案

2016年，A公司（甲方）与B公司（乙方）、案外人C物流江苏有限公司（下称C公司）（丙方）签订一份仓储服务协议，合同约定：A公司将钢材储存于B公司仓库，货物入库时，A公司向C公司提供盖有A公司有效印鉴的入库通知单作为入库货物验收资料，B公司应确保货物的顺利入库；入库后，B公司应在入库通知单填写实收数量，签章后交给C公司，C公司签章后回传给A公司；如B公司未尽妥善暂存义务而造成的损失由B公司承担。合同还对其他条款作出了约定。

2016年7月，A公司与D股份有限公司订立编号为BC1107003、BC1108001的买卖合同，向其购买热轧圆钢，D股份有限公司确认其实际向A公司供货3459.512吨。A公司向D股份有限公司支付货款17767545.17元。2016年8月9日及2016年11月29日，B公司分别签发两份入库单，确认收到A公司储存的圆钢1844.547吨和1614.866吨，共计3459.413吨。

2016年8月26日，A公司与E公司签订一份钢材采购合同，合同约定，A公司以4740元/吨的单价向E公司购买“申特”螺纹钢

1938.736 吨，A 公司向 E 公司支付了全部货款 9189608.64 元。2011 年 8 月 26 日，B 公司签发了入库通知单，确认收到 A 公司储存的螺纹钢 1938.736 吨。

2016 年 9 月 28 日、29 日，F 银行与 E 公司分别签订了商品融资质押合同及小企业借款合同，合同约定：E 公司向 F 银行借款 1000 万元，并以其储存于 B 公司仓库内的螺纹钢作为质押，质物的价值不低于 1700 万元。F 银行、E 公司与 G 有限公司（以下简称 G 公司）签订了商品融资质押监管协议，协议约定：将 E 公司用于质押的钢材交由 G 公司进行监管。B 公司、E 公司及 G 公司又签订了监管仓库（场地）及货物保管安全协议，约定由 B 公司负责监管货物的安全，监管货物在存放期间发生丢失、毁损等均由 B 公司负责。上述合同签订后，F 银行向 E 公司发放贷款 1000 万元。

2016 年 11 月 18 日，F 银行与 H 公司签订商品融资合同、商品融资质押合同，合同约定 H 公司向 F 银行借款 700 万元，并由 H 公司以其储存于 B 公司的圆钢提供质押，圆钢的价值不低于 1200 万元。F 银行、H 公司与 G 公司签订了商品融资质押监管协议，协议约定：将 H 公司用于质押的钢材交由 G 公司进行监管。B 公司、H 公司及 G 公司又签订了监管仓库（场地）及货物保管安全协议，约定由 B 公司负责监管货物的安全，监管货物在存放期间发生丢失、毁损等均由 B 公司负责。上述合同签订后，F 银行发放了贷款 700 万元。

一审审理过程中，B 公司、H 公司、F 银行主张 H 公司质押给 F 银行的圆钢系向 D 股份有限公司、D 有限公司（以下两公司统称南钢公司）购买，并提供 H 公司与两公司签订的购销合同及相应的质量证明书予以证明。经一审法院向南钢公司调查核实。B 公司与 H 公司、F 银行提交的上述合同存在订货数量和实际交货数量不一致，质量证明书与厂家提供的质量证明书数量、金额不一致的问题。D 公司出具说明函证明：2016 年 7 月，H 公司向 D 公司实际购买的圆钢为 814.49 吨，总价为 4178333.7 元，A 公司已向 H 公司支付了全部价款。

案件焦点为 A 公司对讼争货物是否享有所有权，F 银行对货物是否享有质权。

一审法院经审理认定，A 公司与 B 公司、案外人 C 公司签订仓储服务协议，系当事人的真实意思表示，符合法律规定，合法有效，应受法律保护。B公司辩称，目前储存于B公司仓库的钢材，其中圆钢属于H公司、螺纹钢属于E公司，但是根据法院向B公司结算中心核实，结算中心确认A公司入库单上的货物有进仓库，货物的数量、规格的数据与结算中心留底的入库单一致。H公司辩称，储存于B公司仓库的圆钢系其向D公司购买，但是法院向D公司的调查显示，H公司向D公司购买的圆钢只有814.49吨，其向F银行提供的增值税发票及质量证明书均系伪造。而且，就H公司购买的上述圆钢，其已于2016年7月26日又卖给了A公司，A公司已支付全部货款。因此，B公司、H公司主张讼争储存于B公司仓库中的圆钢属H公司所有没有事实依据，该抗辩主张，不予采纳。E公司辩称，储存于B公司仓库的螺纹钢系其所有，但A公司提供的2016年8月26日与E公司签订的钢材采购合同及付款凭证可证实，讼争1938.736吨螺纹钢已为A公司购买，并与B公司办理了入库手续，可以认定在2011年8月26日后，储存于B公司仓库内的1938.736吨螺纹钢系属于A公司所有，E公司辩称讼争钢材属于其所有，没有事实依据，该抗辩主张，不予采纳。F银行辩称，H公司及E公司将其所有的钢材进行质押，向其借款，F银行对讼争钢材享有质押权，依法应优先受偿。但是根据本案查明的事实，H公司及E公司不享有讼争钢材的所有权，其无权将讼争钢材质押给F银行。E公司、H公司并未提交向F银行交付质物的证据。F银行亦确认在接受两公司质押时，两公司均未提交入库单或仓单。F银行主张的质权因质物未交付亦不能成立。善意取得应包括质权人在接受质押时既不明知也不应知质押人对财产设立质押时的权限。F银行对质物的交付未尽合理审查的审慎义务，其主张质权善意取得没有事实和法律依据。

综上所述，B公司与H公司、E公司、F银行的抗辩理由均不能成立，不予采纳。A公司提供的证据可以证明其向D公司购买了3459.413吨圆钢，向E公司购买了1938.736吨螺纹钢，B公司向A公司出具了入库单，足以证明目前储存于B公司仓库的3459.413吨圆钢及1938.736吨螺纹钢均属于A公司。B公司作为保管人应按照约定妥善保管A公司存放的钢材，并且在A公司通知提货时及时交付保管的货物。本案中，A公司依照合同约定存入钢材5398.149吨，B公司不仅不让A公司提货，而且不承认收取储存钢材的事实，B公司的行为已构成违约，A公司要求确认钢材所有权的诉求应予支持。B公司应当向A公司交付钢材5398.149吨，如不能交付应赔偿相应损失26957153.81元。A公司的诉讼请求，有事实与法律依据，予以支持。一审法院判决如下：一、确认储存于B公司仓库的钢材5398.149吨（其中圆钢3459.413吨，螺纹钢1938.736吨）属于A公司所有；二、B公司应于判决生效之日起10日内向A公司交付上述钢材；三、若B公司不能交付上述钢材，B公司应赔偿A公司相应的损失26957153.81元。一审案件受理费176586元，财产保全费5000元由B公司负担。

一审判决后，B公司、F银行不服，提起上诉。

二审中，除B公司认为仓储服务协议没有得到履行，B公司没有向A公司签发过入库通知单外，各方当事人对一审判决查明的其他事实无异议。

二审法院审理后认定：本案证据足以证明讼争的圆钢、螺纹钢均属于A公司所有，B公司、H公司、E公司关于讼争钢材所有权的主张均没有事实依据，二审法院不予支持。因讼争钢材的处理结果与H公司、E公司、F银行存在利害关系，B公司申请追加H公司、E公司为本案第三人，F银行经一审法院通知后申请作为第三人参与诉讼，一审法院将H公司、E公司、F银行追加为本案第三人，有利于查清案件事实，程序上亦无不当之处。但F银行与H公司、E公司之间就讼争钢材形成的质押合同关系与本案仓储合同纠纷并非同一法律关系，不宜在本案中对F银行是否享有质权直接作出认定。一审法院对F银行的质权认定虽有不当之处，但不影响本案的处理结果。而B公司对一审程序提出的异议均无事实依据，二审法院不予支持。

综上所述，二审法院认为，一审法院认定事实基本清楚，适用法律正确，应予维持。B公司的上诉理由不能成立，其请求不予支持。二审法院判决如下：

驳回上诉，维持原判。

第四十六课　收费权质押授信检查要点

一、以公路收费权质押的授信

1. 检查要点。

（1）检查授信后出台的国家、地方相关政策对于该公路收费权有无不良影响，必要时采取相关措施。

（2）检查该公路车流量及实际收费情况和发展趋势，有无重大分流现象或正在建设、拟建设的公路等即将对该公路造成明显分流现象，判断收费权价值的充分性。

（3）检查是否重复质押。应当在人民银行应收账款质押登记系统办理质押登记。

2. 所需资料。

（1）公路项目法人以拟建或建成公路的收费权作担保申请公路收费权质押贷款的，在向银行申请贷款时，应一并提交以下文件：

①省级人民政府及其职能部门批准的公路收费文件；

②省级人民政府及其职能部门批准的公路收费权质押文件。

（2）公路项目法人应按开发银行要求的时间向其提交以下文件：

①省级人民政府或国务院交通主管部门依法出具的关于公路收费站数量、站点的批文；

②省级交通主管部门会同同级物价行政主管部门依法出具的关于公路收费标准的批文。

公路收费权的收费标准、收费期限应足以满足偿还全部贷款本息的需要。

（3）银行有权要求出质人在公路建设期间投保工程建设险，在公路建成后投保财产险。

（4）银行应与出质人签订公路收费权益质押合同。

（5）公路收费权益质押合同的内容包括：

①被担保的主债权种类、数额；

②质押物；

③质押的期限；

④质押担保的范围；

⑤质押权的实现方式；

⑥需要约定的其他事项。

（6）银行和出质人可在公路收费权益质押合同中约定：

①在质押期限内，出质人应在银行或指定行开立公路收费专用账户，出质人对公路过往车辆收取的通行费全部或按贷款比例存入公路收费专用账户；

②在质押期限内，质权人监管出质人使用专用存款账户内的资金；

③在质押期限内，出质人应保证银行贷款到期日、每季结息日前10日内，在银行指定行的专用账户中备有足够的资金用以偿还银行的当期贷款本息，银行有权在到期日或结息日当日从出质人在分行设立的专用账户中直接扣收贷款本息或指示指定行从出质人在其设立的专用账户中以特种转账方式扣收贷款本息。

（7）出质人在公路收费权质押合同签订后30日内，应到有权管理部门办妥公路收费权质押登记手续；登记所需费用由出质人承担；出质人得到质押权证书，应在一周内交银行收执。

（8）借款人未按主合同的约定向开发银行支付利息、偿还本金，或者借款人有其他违约事件发生，或者借款人在质押期限内被依法宣告破产、解散，银行有权采取以下措施：

①银行直接或要求指定行将公路收费专用账户中相当于开发银行到期贷款本息数额的资金划交银行。如果公路收费专用账户中的资金不足以清偿银行的到期贷款本息，银行有权自行或要求指定行将此后一段时间之内公路收费专用账户中新增的资金直接划交，直至银行的到期贷款本息全部得到清偿为止。

②如果银行采取上述措施以后尚未能使自己的到期贷款本息全部得到清偿，银行有权依法处分公路收费权，并以所得价款优先受偿自己的到期贷款本息。处分收费权所得不足以使银行的到期贷款本息全部得到清偿的，银行可以继续向借款人追偿。

二、以高校收费权质押的授信检查要点

1. 检查授信后出台的国家、地方相关政策对于该校收费权有无不良影响，必要时采取相关措施。

2. 检查该校授信后实际收费标准、在校生人数、招生计划完成情况及发展趋势，判断收费权的价值的充足性。

3. 检查是否重复质押。应当在人行应收账款质押登记系统办理质押登记。

【政策依据】

中国人民银行、教育部关于进一步解决学生公寓等高等学校后勤服务设施建设资金问题的若干意见

银发〔2002〕220号

中国人民银行各分行、营业管理部，省会（首府）城市中心支行，深圳、大连、青岛、宁波、厦门市中心支行，各省、自治区、直辖市教育厅（教委），各计划单列市、新疆生产建设兵团教委，各国有独资商业银行、股份制商业银行：

为贯彻落实《国务院办公厅转发教育部等部门关于进一步加快高等学校后勤社会化改革意见的通知》（国办发〔2000〕1号）精神，调动社会各方面力量加快高等学校学生公寓等各项后勤服务设施建设，经国务院批准，现就进一步解决好学生公寓等高等学校后勤服务设施建设资金问题提出如下意见：

一、商业银行要解决好建设资金贷款问题

各商业银行要进一步完善系统内的有关规章制度，加大对学生公寓等高等学校后勤服务设施的信贷支持力度。各商业银行要优先选择已经列入省级人民政府及教育行政部门统一规划中的学生公寓等高等学校后勤服务设施建设项目作为贷款对象；商业银行发放贷款的前提是：项目法人必须首先落实项目建设所必须的资本金。商业银行发放贷款，借款人可以是高等学校、高校后勤服务实体或其他有关企业。各商业银行对学生公寓等高

校后勤服务设施建设提供贷款，可采用信用贷款或担保贷款方式。担保贷款可采用保证、抵押、质押等多种形式。各商业银行应将学生公寓贷款纳入住房开发贷款管理。商业银行要积极开展学生公寓收费权质押贷款业务，应与借款人签订书面质押合同。质押合同必须经省级教育行政部门审批和统一登记，自登记之日起生效。

二、各地教育行政部门要统筹协调、主动配合，解决好建设资金问题

高等学校学生公寓等各项后勤服务设施建设所需资金主要通过社会投资、银行贷款、政府支持和高等学校自筹等渠道解决。各地教育行政部门一定要统筹协调，主动配合有关各方开展工作，对落实当地学生公寓等高等学校后勤服务设施建设所需资金中出现的问题，要积极主动地与政府、银行、高校等有关方面沟通。凡属教育行政部门能够解决的问题，要尽快推动落实；对难以处理的问题，要及时向有关部门反映，并提出解决问题的建议。各省、自治区、直辖市教育行政部门要从严审批用于银行贷款质押的学生公寓收费权，并对学生公寓收费权质押进行统一登记。同时，建立相应的管理制度，防止重复审批和重复登记。

三、高等学校应积极配合有关各方落实建设资金

各高等学校要积极配合教育行政部门、银行、项目法人，落实必要的建设资金，加快高等学校学生公寓等各项后勤服务设施建设。高等学校可以凭非教育设施，以保证担保的方式，或将非教育设施作为抵押物，以抵押担保的方式，为承担本校学生公寓等后勤服务设施建设的高等学校后勤服务实体和其他有关企业提供项目建设贷款担保。高等学校应为发放学生公寓收费权质押贷款的商业银行出具贷款年限内学生公寓月平均入住率不低于90%的保函，并承担相应的责任。

2002 年 7 月 26 日

【口诀】

收费质押控风险，对应贷款应长期，
定期盘点现金流，对照贷款盯企业。

第四十七课　经营性物业抵押授信后检查要点

一、对借款人及保证人的经营情况检查要点

检查借款人近期是否有重大事项发生，关注借款人发生并购、重组、重大对外投资、资产或股权转让等影响借款人还款能力的重大事项时，评估其对银行贷款的影响。

对保证人经营管理情况、财务情况进行分析，判断保证人是否继续具有担保能力，能否在第一还款来源违约的情况下及时偿还银行贷款。

二、对经营性物业抵押贷款的检查要点

1. 检查银行授信批复的执行情况，批复中要求的各项授信条件是否均已落实。

2. 检查用于抵押的经营性物业是否真正开始经营，经营情况如何，是否同申报授信时调查的经营内容、前景相符等。

3. 检查期间银行贷款资金流向是否符合借款合同的约定，涉及固定资产投资或项目融资用途的是否按照要求执行。

4. 贷款期间银行应与借款人签订资金监管协议。检查借款人在银行是否开立资金监管专户，检查贷款期间是否对专户实行收支两条线管理，建立收支明细台账，物业的经营性收入是否全部直接进入专户，除留足每期还本付息金额外的资金须经主办客户经理及业务主办行（部）负责人审核批准后方可使用。

5. 分析贷款期内经营性物业所产生的经营性净现金流是否与项目调查时预测相符，并对后续经营性净现金流进行分析判断，评估借款人能否按约归还贷款本息。

6. 关注检查期内物业的出租率、租赁合同的租期、租金支付方式的变化；调查租约的真实性，特别注意承租人依法享有的承租权、优先购买权

以及其他权力对银行抵押权的限制和影响，对抵押权实现的难易程度作必要的预估。

三、抵押物检查要点

1. 借款人在贷款期间发生的经营性物业用于租赁的，应将物业抵押情况告知承租人，物业承租人出具知晓物业抵押给银行的声明。

2. 根据检查时的市场情况，对抵押物价值进行动态监测，若出现抵押物贬值、租金收入下降等危及银行贷款安全的情况，应及时采取要求借款人追加担保或变更贷款额度、期限、利率等措施。

3. 检查抵押物业是否完整，有无被拆迁等灭失可能，确保银行抵押权的实现。

4. 抵押物业出租的，检查承租人享有优先购买权以及其他权利是否影响抵押权实现，是否同承租人签订长期、低租金租赁合同等，必要时可要求承租人、租赁人一起将符合银行相关要求的租赁合同到房地产管理部门进行登记备案。

【案例】

×××有限公司经营性物业抵押案例

一、企业概况

×××有限公司，注册资金6725.7727万元，主要负责×××商城、×××新厦2个市场的经营管理，市场总营业面积5.79万平方米。2008年商业公司资产总额3.74亿元，租金收入4432万元，实现净利润938.45万元。

×××有限公司是×××商贸区的龙头企业，也是天津市×××区的支柱性企业之一，×××商城共有经营摊位近2000个，市场年交易额近50亿元，并以每年30%～40%的速度实现高位增长，日客流量近15万人，高峰时可达20万～30万人次，每年向国家上缴税收3000万元左右。

二、银行切入点分析

1. 此次授信益处。

（1）有助于银行拓展其经销商在银行开户。

（2）有助于推荐企业安装银行网银，将整个集团大部分资金集中于银行。

（3）有助于拓展小企业主贷款，拉动个贷业务。

（4）银行可与企业资源共享，带动经销商个人，VIP客户卡类、理财类、出国金融等个人业务。

2. 此次授信劣势。

×××商城在天津市×××商贸区综合市场占绝对强势，但随着附近商圈的逐步扩大与中小市场的整合，将会吸引更多的加入者，这将分流一部分经销商，市场份额、摊位承租率可能会受到影响。

3. 行业分析。

申请人主要经营活动为对其名下的×××商城进行管理，收取摊位租金。此笔授信为经营性物业抵押贷款，该经营性物业为销售日用百货以及服装纺织品的小商品商厦，故根据银行相关规定，此笔贷款投向应为“一般批发零售”。小商品范畴十分广泛，具有极大的多样性、适应性，对经济环境的波动相对不敏感，其社会销售总额能够保持稳定的增长。

三、银行授信方案

×××有限公司，本次申请经营性物业抵押贷款16000万元，其中12000万元用于置换×××商城有限公司在农业银行的经营性物业抵押贷款，4000万元用于该公司的流动资金周转和装修改造。本次贷款为经营性物业抵押的中长期基建贷款，期限8年，以坐落于天津市东丽区运南路2号的×××商城抵押，抵押率51.95%。

授信方案						
额度类型	内部授信额度		授信方式	单笔单批额度		
授信额度（万元）	16000.00		授信期限（月）	96		
授信品种	币种	金额（万元）	保证金比例	期限（月）	用途	优势
经营性物业抵押贷款	人民币	16000.00	0.00	96		
授信性质	新增	本次授信敞口（万元）		16000.00		
担保方式及内容	抵押物名称：××商城					

【点评】

对小商品城等收租型物业，银行经常提供的授信品种是经营性物业抵押贷款，这类收租型物业的开发商由于看重商业地产的增值效应，一般采取持有型的策略，而收租金额虽然稳定，但是每年的资金流量有限，根本不足以偿还到期的开发贷款，一般银行应考虑引入经营性物业抵押贷款，以长贷置换短贷，为企业接续资金链。

【口诀】

经营物业抵押贷，长期现金要控牢，
租金账户要指定，物业必须位置佳。

第四十八课　融资性担保公司授信后检查要点

一、担保公司总体经营情况

1. 检查担保公司业务范围是否按规定经营。

2. 检查担保机构是否建立科学的风险控制机制、内部控制制度和风险分散机制等相关制度，是否按照这些制度进行管理，并对担保公司的实际风险控制能力进行分析评估。

3. 检查担保公司担保评估制度是否严格；检查是否严格执行科学决策程序；检查是否加强对担保项目的跟踪；检查是否强化内部监控，保证合规经营；检查是否采取反担保措施，对反担保能力跟踪检查。

4. 检查担保公司是否对于某一特定行业的担保业务具备一定专业优势，并关注被担保客户所属行业风险，防止担保过度所产生的行业性系统风险。

5. 担保公司是否与贷款金融机构密切协作，及时交换和通报担保企业的有关信息，是否按合作协议提供授信后管理相关资料。

二、担保授信总体情况

1. 检查担保手续是否齐全、合法合规。

2. 检查担保公司是否存在对单个企业提供的担保责任金额最高超过担保机构净资产的 10%，对外投资是否超过《融资性担保公司管理暂行办法》允许的比例，担保责任余额是否超过放大倍数。

3. 检查担保公司是否按规定提取责任准备金和风险准备金，对于涉及补提准备的担保公司，应分析补提准备金对企业经营情况和盈利水平的影响。

4. 检查担保人向银行缴存保证金的情况，包括保证金比例、保证金缴存情况、是否纳入专户管理或存单质押，检查担保公司客户保证金是否缴存于银行为其设置的唯一客户保证金专户、客户保证金专户用途是否仅限于合同约定的违约代偿，是否用客户保证金违规向银行缴纳保证金等。

5. 检查担保公司担保项下被担保企业授信期限是否超过对担保公司核定的一般担保授信额度的期限。

6. 关注担保公司的代偿记录、代偿比例和实际形成担保不良的情况，并对担保代偿对经营产生的影响进行分析。

三、担保能力及风险状况分析

1. 检查担保能力是否削减，是否存在抽逃、挪用资本金等违规经营现象，造成资本金不实或者结构不合理的情况，削弱了实际担保能力；检查是否存在涉嫌通过关联交易骗取银行贷款、资本金违规投入资本市场等。

2. 检查担保公司是否存在对外投资形成的风险，全面了解掌握对外投资金额和投资内容，注意通过对外借款、关联企业占款和表外事项为表现形式识别投资行为。

3. 检查担保公司是否存在吸收存款、发放贷款等违规开展民间金融业务的情况，并对担保公司资本金的运用情况进行调查了解，确保资本金未被挪用。

4. 对担保公司股东实力、出资能力和注册资金的到位情况进行核实，并关注是否存在股东抽逃注册资金或股东占款对担保公司的对外担保能力造成实际不利影响。

【点评】

银行必须能够对担保公司进行穿透审查，择优选择管理规范省级国有大型担保公司，优秀上市担保公司属于各家银行重点关注的合作对象，其管理规范，银行可以介入。

对于省级国有担保公司，银行应当相信自己的独立判断，严格审核借款人的信用，并不要因为有了担保公司的担保，就见保即贷。

【业务流程】

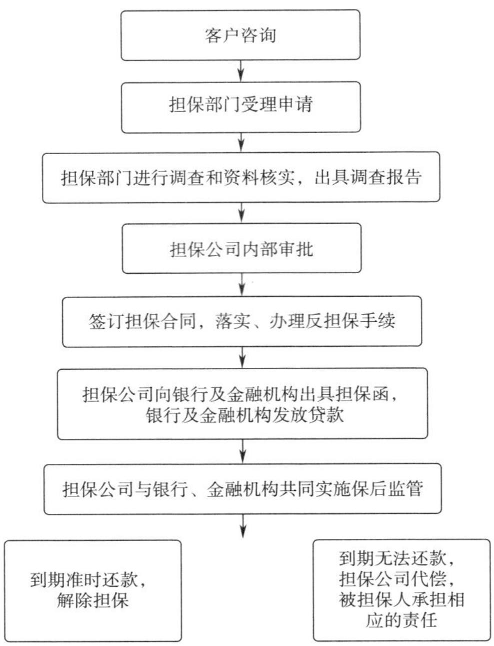

图 48－1　担保公司授信业务流程

【口诀】

担保公司要谨慎，民营担保实力弱，
国有担保优先选，历史记录要多看。

第四十九课 存单质押贷款授信后检查要点

一、检查要点

1. 检查存款来源是否合法。

2. 检查是否有有权人同意出质的书面材料。法人存单出质的，需股东会同意（如公司章程规定董事会有权处置的，董事会同意也可）；自然人存单出质的，需财产共有人书面同意。

3. 是否在开户银行核实存单的真实性，并取得开户银行认可的书面回执。

4. 当事人是否订立书面质押合同，合同要素是否齐全。

5. 质押存单金额是否覆盖敞口金额及贷款存续期间利息。

6. 质押存单原件是否交付贷款行并入库保管。

7. 借款主合同是否指定贷款用途，贷款用途是否符合监管部门规定。

【政策依据】

依据《最高人民法院关于适用〈中华人民共和国担保法〉若干问题的解释》的相关规定。

二、存单质押要点

存单的真实性问题是指存单可能存在伪造、变造或者虚假的情况。而存单资金流失的主要原因在于存储法律关系中的存单“挂失”制度。当出质人违背诚实信用原则将质押后的存单又挂失时，存单的签发金融机构在符合条件时是不能阻止存单所有人的此项行为的，从而使得债权人所接受的存单质押资金处于随时可能被支取或流失的不安全状态之中。

存单核押是指质权人将存单质押的情况告知金融机构，并就存单真实性向金融机构咨询，金融机构对存单的真实性予以确认并在存单上或以其他方式签章的行为。核押的实质要件包括对出质权利的真实性的查询和对该权利已被出质的申明两部分。存单质权人负有将存单质押的情况告存单签发金融机构并就存单真实性向其咨询的义务，切不可让出质人自行办理核押手续，以免为出质人伪造、变造存单或核押手续提供可乘之机。

三、保险公司存单质押

存单质押行为的规范方面，保监会下发的《关于规范保险资金银行存款业务的通知》指出，保险公司以银行存款质押为自身融资的，融入资金应当主要用于临时调剂头寸和应付大额保险赔付等需要，融资额度纳入融资杠杆监测比例管理。

【政策依据】

依据《人民币单位存款管理办法》《单位定期存单质押贷款管理规定》的相关规定。

【案例】

循环模式。A 行发放的贷款，经划转 B 行后回到 A 行相关个人储蓄账户转存个人定期存单，以此个人定期存单作质押，发放个人存单质押贷款。存单质押贷款资金继续转存个人定期存单，再发放单质押贷款，视自身需要确定重复操作次数。

合作模式。A 行发放的贷款，经划转 B 行后回到 A 行转存定期存单，以此存单作质押发放存单质押贷款。上述存单质押贷款资金划转 C 行转存定期存单，继续发放存单质押贷款。此模式类同于简单模式在几家银行的连续操作。

【口诀】

存单质押要谨慎，存款来源要问清，
出质必须有决议，质押比率要控制。

第五十课 银行承兑汇票贴现检查要点

一、产品特点

银行承兑汇票贴现是银行以完全背书的形式购买持票人能证明其合法取得、具有真实贸易背景、尚未到期的银行承兑汇票的业务。

二、检查要点

1. 检查承兑行是否在银行的同业授信名单以内。

2. 检查贴现用途是否符合规定（不得用于固定资产投资、股本权益性投资、炒买炒卖有价证券、期货和房地产、相互借贷牟取非法收入、用于表外业务保证金）。

3. 检查是否按规定收集企业已年检的基础资料，如营业执照、组织机构代码证、机构信用代码证等。

4. 检查是否提供申请贴现人与前手背书人之间真实贸易背景证明材料，如销售合同、增值税发票、运输信息等，并核对材料的真实性，检查贴现票据的真实贸易背景是否能在相关财务报表中得以反映。

5. 检查银票是否记载有不得转让的限制性事项。

6. 检查贴现款项是否直接记入贴现申请人账户，而不是将贴现资金分笔划入非贴现申请人账户。

【点评】

银行承兑汇票贴现业务中，最经常出现的情况就是将贴现后的资金回流申请人，循环办理银行承兑汇票，再次贴现后回流申请人，多次办理银行承兑汇票后，虚增存款。

【政策依据】

依据《中国人民银行关于完善票据业务制度有关问题的通知》（银发〔2005〕235 号）的相关规定。

【口诀】

贴现必须真背景，发票合同都齐全，
大票实地查询看，贴现利率要仔细。

第五十一课　对公委托贷款业务审查要点

一、审查要点

1. 审查委托人和借款人是否具备业务资格，不得受理融资性担保公司委托银行发放的贷款。

2. 审查委托人及借款人办理委托贷款业务的意愿是否真实。

3. 审查委托资金来源是否合法合规，是否为委托人自有资金，要坚决防止委托人资金来源于集合资金。

4. 审查企业是否挪用信贷资金搞委托投资。特别对于在银行有表内授信余额的委托人，重点审查其委托资金来源的合规性。

5. 审查企业是否存在以委托贷款方式变相挪用信贷资金用于房地产开

发的情况，是否对房地产企业发放流动资金周转性质的委托贷款，是否按照房地产项目开发贷的要求办理投向房地产企业的委托贷款。

6. 审查委托贷款的关联企业是否存在多头开户、多头贷款、相互担保情况，是否通过办理委托贷款业务解决借款企业不符合规定的资金需要；检查有无变相办理“多对一”业务。

7. 审查外币委托贷款业务是否符合国家外汇管理规定等。

8. 审查业务是否已按照有偿代理的原则向委托人或者借款人收取委托贷款手续费。

9. 审查委托贷款的贷款利率是否符合监管要求。

10. 对个人作为委托方的委托贷款业务，要严格审查资金来源和借款人实际用途的合规性。

11. 审慎审查委托人提出的“监督贷款的使用”的要求。如委托人特别要求受托人监督委托贷款的使用，审查是否已在委托贷款合同中明确了具体监督事项和监督措施，是否经银行法律合规部出具合规意见，是否已加收手续费等。

【操作风险】

操作风险是指商业银行在委托贷款的尽职调查、审查审批、法律文本的签订、贷款资金使用、贷款本息的收付偿还、手续费的收取等具体事项操作中，不按规定和规程办理造成的风险。若银行作为受托人未完全履行委托协议的义务，或在贷前调查、贷款发放、资金用途监控、逾期贷款催收等方面未规范操作，一旦贷款损失，委托人可能以银行未能尽职为由要求银行承担相应责任，引起纠纷。

【合规风险】

资金来源方面，一些银行违规接受社保资金、企业年金、财政预算外资金、工会经费、保险资金、基金会基金、住房公共维修费等单位委托人办理的委托贷款，导致资金来源不合规。资金使用方面，一些借款人利用委托贷款向国家产业政策禁止和限制的行业或不达标的企业、项目投入资金。还有一些银行对贷款资金用途监控不严，如借款人向受托银行申请流动资金，但却用于投资房地产或购置设备，导致资金用途不合规。一旦出现问题，商业银行难辞其咎。

二、资金用途风险控制

在贷款资金监控环节，经办机构应监督借款人按规定的用途使用信贷资金，防止贷款资金被挪用。在委托合同中已明确约定用途的借款，应专款专用，受托银行不能擅自改变用途，且应按贷款管理的要求进行贷后检查，及时将检查结果通知委托人。督促借款人按借款合同的约定按期偿还借款本息。即使委托贷款和自营贷款发生利益冲突，受托银行也不能利用有利条件，私自截留委托人的资金或借款人对委托人的还款。

在逾期贷款催收环节，经办银行应及时将贷款逾期欠息情况通知委托人，并采取相应催收措施。贷款逾期后，经办银行应在法定或约定的保证期间向保证人主张权利，确保在诉讼时效期间向借款人发送书面催收通知书并取得催收书面证据。

加强合规风险管理的商业银行要深入调查、审核委托贷款资金来源的合法性。对某些具有特定用途、不得挪用的各类专项基金，按照国家规定不能接受其作为委托贷款资金来源。银行不得垫付资金发放委托贷款，银行自身信贷资金不得作为委托贷款资金来源。

商业银行应审核委托贷款资金发放的合规性。审核借款人是否具备合法主体资格，确保项目各项手续齐备。不得向国家产业政策禁止或限制的行业发放委托贷款，不得介入手续不完备、国家政策禁止、限制、不达标的项目。贷款手续须完备，注意是否存在法律漏洞；注意各类法律文书条款是否严密，注意有无潜在法律风险。

【业务流程】

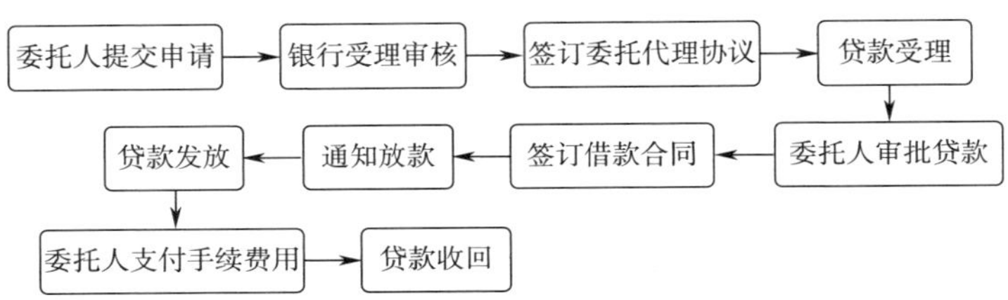

图 51－1　委托贷款业务流程

【政策依据】

依据《中国人民银行关于金融信托投资公司委托贷款业务规定》《中国人民银行对“关于委托贷款的担保问题的请示”的答复》的相关规定。

第五十二课　对公低风险授信业务审查要点

一、授信前调查方面检查要点

1. 按照授信管理授信前调查的有关规定，严格审查业务资料和调查内容的真实性和完整性。

2. 对企业的授信申请原因及还款来源情况进行认真核实。

3. 对保证人担保资格及担保能力，抵押物、质押物的真实性、合法性及变现能力进行认真调查。

4. 确认客户经理是否具备经办授信业务的资格；审查在相关业务系统的录入名称是否与纸质业务资料签名一致；审查是否按银行“双人调查、双人面签”的授信调查要求在信贷资料上签字确认。

5. 确认客户提供的交易合同及发票是否对应且完整有效，资料是否存在瑕疵，审慎判断贸易背景是否真实。

二、授信审查审批方面检查要点

1. 审查业务是否属于银行规定的低风险产品范畴，是否存在一定风险敞口，质押担保是否为合格担保，是否有允许质押的制度依据，是否超过低风险定义范围却按低风险业务程序办理了“伪低风险业务”。

2. 审查授信用途是否合法合规，特别是以下用途的申请，不得进行授信：(1) 国家明令禁止的产品或项目；(2) 违反国家有关规定从事股本权益性投资，以授信作为注册资本金、注册验资和增资扩股；(3) 违反国家有关规定从事股票、期货、金融衍生产品等投资；(4) 其他违反国家法律法规和政策的贷款用途。

3. 通过系统监督支付审查保证金以及质押资金来源是否合法合规；审查是否存在贴现资金、贷款资金转作授信保证金或质押资金的情况；审查是否存在承兑保证金来源于收款人情况；审查是否存在将借款人对公账户资金转给第三方自然人，用储蓄存单质押办理授信业务的情况，必要时可要求提供他行来账复印件等佐证材料证明。

4. 审查银行承兑汇票业务的贸易背景是否真实合规，审慎判断票据交易的真实合法性。重点审查授信申请人提供的商品购销合同是否真实有效，合同金额是否大于承兑金额，合同标的是否在申请人营业执照的经营范围内，当次签发及累计签发银承的金额与企业的经营规模、销售收入是否匹配，承兑申请人提供的贸易合同及发票是否重复使用，发票日期、合同日期与承兑日期间的对应关系是否符合银行规定及监管部门要求。

三、低风险业务种类

表 52－1　　低风险业务种类

1. 银行承兑汇票贴现	极低风险
2. 全额保证金银票	极低风险
3. 银行承兑汇票质押	低风险
4. 全额保证金银行保函	极低风险
5. 委托贷款	低风险
6. 备用信用证担保贷款	低风险
7. 央企商票贴现	低风险

对公低风险，操作要谨慎，
手续必齐全，文本必法审，
动机必清楚，贷后不松懈，
一旦不规矩，瞬间高风险。

第五十三课　保障性住房授信业务审查要点

授信审查审批方面的审查要点

1. 审查借款人是否列入“公共租赁住房建设的地方政府融资平台公司名单”。

2. 审查借款项目资本金是否充足，行政部门是否配套安排充足的资本金。

3. 审查治理结构是否完善。

4. 审查运作是否规范，是否有成功的同类房地产项目开发经验。

5. 项目的还款来源是否已经落实，项目的还款来源是否已经充分落实。

第五十四课　PPP 项目授信后审查要点

一、业务概述

1. PPP 项目是政府和社会资本在公共领域的合作项目，简单说就是政府和社会资本合作承办的项目，故影响 PPP 项目的三个主要因素是政府、社会资本和项目。

2. PPP 项目用于社会公众，使用公共资金，接受公众监督，所以具有公共性的特征。

政府和社会资本在项目中的诉求不一致，项目的成功有赖于政府和社会资本良好的合作，所以具有合作性（或平衡性）的特征。

项目的周期比较长，结构和调整事项比较复杂，所以具有长期性和复杂性的特征。

国家关于PPP的法规和政策多，所以PPP项目具有合规性要求强的特征。

二、行业分析

1. 公用事业。公用事业一般属于“使用者付费”的项目，政府无需承担运营补贴支出责任。但政府仍将承担财政或有支出责任。风险源于公用事业产品的价格是受管制的，而经营成本是市场化的。

2. 污水和垃圾处理等公共环保工程。政府在此类项目中一般承担“最低需求风险”。此类项目的优势在于，项目的业务量有历史数据作支撑，最低需求便于测算，但补贴机制设计较为复杂。此类项目有一定的技术专业性，要注意对社会资本的技术资质和行业经验进行分析。

3. 保障性安居工程。对于此类项目，过去多采用与商业捆绑开发的模式。其风险源于商业部分的销售、租赁受房地产市场波动的影响，对于项目超额收益的分配，也会成为政府和社会资本之间的一个争议点。

保障性安居工程项目的收入不得与土地出让收入挂钩，但由于土地出让收入属于政府的专项预算收入，事实上构成政府的付费能力，从而对项目还贷产生影响，所以，应该加强对当地的房地产市场进行分析。在分析项目的还贷能力时，对项目可以带动的土地出让收入一并进行分析。

4. 交通基础设施。此类项目一般投资金额都比较大，期限都很长，甚至可以达到20多年，多采用BOT模式，需关注全生命周期的风险。

此类项目的收入模式一般有两种：一种是没有收入，全靠政府付费；另一种是有部分收入，但需要政府补贴。对于后一种，难点在于收入的预测，以及政府和社会资本对于预测数据的确认、对于通行费价格的确定和调整。

还需要注意的是协议对于政府介入权的约定以及项目排他性条款丧失的风险。

5. 医疗和养老服务设施。此类项目前景广阔，但行业尚不成熟，其前期需求难以准确测算。

国家层面对此类项目的扶持政策尚未出台，对项目的影响尚难预料。

此类服务属于软性服务，服务标准的设置、达标检测的方法、付费绩效的考核不宜确定，受主观评价较大。

6. 城镇化和新区开发。此类项目规模都比较大，投资金额高，回收期较长，土地出让和升值前景不确定，存在招商引资风险。

以园区商业部分补贴基础设施和公建开发的项目，还存在房地产市场风险及土地管理制度、土地招拍挂、政府平台管控等相关的政策风险。

7. 海绵城市智慧城市综合管廊。此类项目有一定技术含量，适合专业公司，民营企业有机会参与。此类项目规模比较大，与城镇开发配套，有利于大型综合性房地产园区开发企业，中型企业视自己的技术和配套能力适度参与。

这些项目试点期间受政府财政扶持力度较大，投资规模大，银行存在信贷业务机会。选好政府、选好项目所在的区域是关键。

三、PPP 项目全流程风险审查要点

PPP 项目的期限在十年以上，甚至达到 20 年以上，牵涉环节多、变化情况复杂，所以要注意全流程各个环节的风险点。

1. 项目前期阶段应注意审查政府和社会资本双方对于项目需要完成的前期工作内容、深度、进度要求以及需要采用的技术标准和规范是否清晰。

2. 项目建设阶段主要审查项目工程建设条件、进度、质量、安全要求、变更管理、实际投资认定、工程验收、工程保险及违约责任等事项约定是否全面，完工风险是否可以得到有效控制。

3. 项目运营阶段主要关注合作项目运营的外部条件、运营服务标准和要求、更新改造及追加投资、服务计量、运营期保险、政府监管、运营支出及违约责任等事项。

4. 移交资产阶段主要关注移交范围（如资产、资料、产权等）、移交验收程序、移交标准（如设施设备技术状态、资产法律状态等）。

四、PPP 项目的合规性

PPP 项目与其他固定资产项目投资一样，也需具备项目自身的合规性

要件：

借款主体、资质的合法性，行政审批许可等（立项、核准、土地、用水、环保、节能等），贷款用途的合法性，还款来源的合法性，税收补贴的合规性，争议解决的完备性，商务配套文件的合法性（如特许经营协议、项目合同等的合法性），担保的合法性及可执行性。

PPP 项目的特殊性合规要求很多，主要从以下几个方面分析：

一是合规的社会资本。分析平台怎样改制才算到位，国企充当社会资本需要具备什么条件。二是合规的合作模式。分析项目是否适用 PPP，是否为政府购买服务，是否为特许经营项目，是否属于平台贷、BT 项目。三是合规的操作流程。选择适合的合作模式后，要按政府规范的操作流程进行。四是合规的风险分担方式。项目不能名股实债，不能采取固定回报方式，不能增加政府隐性债务。五是合规的政府采购模式。政府的公共项目不管采取何种运作模式，均需遵循《政府采购法》，若违法会导致采购行为无效。六是合规的预算管理。项目能够有效地列入预算，并且不构成政府性债务。

分析

抛开合规性要素，如果企业 PPP 项目融资困难，恐怕要换位思考，站在银行的角度去考虑问题。

1. 与企业合作的地方政府是否具有稳定的财力和可靠的信用。

2. 与企业合作的社会资本是否具有足够的出资能力、施工履约能力并且能够承担项目长期运营的风险。

3. 企业的 PPP 项目是否具有稳定可靠的收入来源并且足够覆盖还款。

4. 在长达数年甚至十几年的合作期内，双方的风险收益分配是否平衡，各方是否能够精诚合作并且把可能的风险要素考虑周全、作出安排。

5. PPP 项目实施的各个阶段会不会因为合法合规问题导致项目取消、发生风险。

第五十五课　非标投资风险授信后审查要点

一、授信前调查

1. 按照授信管理授信前调查的有关规定，严格审查非标投资项目资料和调查内容的真实性和完整性。

2. 对非标投资实际借款人的授信申请原因及还款来源情况进行认真核实。

3. 对保证人担保资格及担保能力，抵押物、质押物的真实性、合法性及变现能力进行认真调查。

二、授信后检查

1. 审查业务是否属于有银行或信托公司等兜底风险的业务，是否超过低风险定义范围却按低风险业务程序办理的“伪低风险业务”。

2. 审查非标投资对应的实际借款人授信用途是否合法合规。以下用途的申请，不得进行授信：国家明令禁止的产品或项目；违反国家有关规定从事股本权益性投资，以授信作为注册资本金、注册验资和增资扩股；违反国家有关规定从事股票、期货、金融衍生产品等投资；其他违反国家法律法规和政策的贷款用途。

【监管处罚】

×××银监分局行政处罚信息公开表

<table>
<tr><td colspan="3">行政处罚决定书文号</td><td>××银监罚〔20××〕×号</td></tr>
<tr><td rowspan="3">被处罚
当事人姓名
或名称</td><td colspan="2">个人姓名</td><td>×××</td></tr>
<tr><td rowspan="2">单
位</td><td>名称</td><td></td></tr>
<tr><td>法定代表人（主要负责人）姓名</td><td></td></tr>
</table>

续表

<table>
<tr><td>主要违法违规事实（案由）</td><td>投资信托产品，未充分了解所从事资金业务的性质和风险，致使巨额资金形成风险，向不符合社团贷款条件的借款人发放社团贷款，严重违反审慎经营规则</td></tr>
<tr><td>行政处罚依据</td><td>《中华人民共和国银行业监督管理法》第四十八条</td></tr>
<tr><td>行政处罚决定</td><td>给予警告并处 10 万元罚款</td></tr>
<tr><td>作出处罚决定的机关名称</td><td>×××银监分局</td></tr>
<tr><td>作出处罚决定的日期</td><td>20××年××月××日</td></tr>
</table>

×××银监分局行政处罚信息公开表

<table>
<tr><td colspan="3">行政处罚决定书文号</td><td>××银监罚决字〔20××〕×号</td></tr>
<tr><td rowspan="3">被处罚
当事人姓名
或名称</td><td colspan="2">个人姓名</td><td>×××</td></tr>
<tr><td rowspan="2">单
位</td><td>名称</td><td></td></tr>
<tr><td>法定代表人（主要负责人）姓名</td><td>×××</td></tr>
<tr><td colspan="3">主要违法违规事实（案由）</td><td>×××作为××县联社 0.9 亿元非标投资的经办人和××县联社的副主任，在投资过程中严重违反审慎经营规则，导致重大风险，负直接责任和管理责任</td></tr>
<tr><td colspan="3">行政处罚依据</td><td>《中华人民共和国银行业监督管理法》第四十八条</td></tr>
<tr><td colspan="3">行政处罚决定</td><td>（一）给予警告处分
（二）罚款 5 万元</td></tr>
<tr><td colspan="3">作出处罚决定的机关名称</td><td>中国银行业监督管理委员会××监管分局</td></tr>
<tr><td colspan="3">作出处罚决定的日期</td><td>20××年××月××日</td></tr>
</table>

第五十六课　大型民营企业授信后审查要点

一、民营企业贷款的风险

1. 银企之间信息严重不对称。民营企业主要采取家族企业制度形式，能够建立起真正意义上的现代企业制度和委托代理关系的民营企业尚不多见。较多民营企业缺乏规范的公司章程、管理制度以及财务制度的约束，银行借以权衡信贷风险、管理信贷风险的核心参数指标可信度不高。

2. 盲目扩张，经营性现金流下降，第一还款来源严重恶化。民营企业在最初的成长期一般经营风格谨慎，财务约束较强，但是当达到一定规模后，民营企业主往往集权于一身，在进行财务活动和处理各种经济关系时表现出明显的随意性，会出现盲目扩张的情况，造成资金链紧张或断裂，使得银行贷款陷入不良。

主要表现：一是获取贷款后用于非核心产业；二是违规进入股市、民间借贷；三是利用贷款资金从事期货投机等高危活动。

3. 联保、互保或者对同一抵押物逐年评估增值，造成贷款担保形同虚设，直接导致商业银行贷款的第二还款来源面临风险。

银行和民营企业的信息不对称，企业有可能利用信息优势隐瞒家族企业与关联企业的关系，在银行多头贷款。家族企业内部互保，或者与另一家族互保，导致担保形同虚设。当其中一家企业出现问题后，由于风险具有的传递效应和传染效应，对其他企业的资金链也会产生不利影响，造成担保责任无法履行。

4. 多头贷款，集中使用，规避集团客户统一授信管理，导致风险敞口扩大。

为获取多家银行贷款，规避集团客户统一授信管理，不少民营企业违规采取以下手段。一是通过采取虚假验资和循环验资手段，集中注册成立多个新的关联公司作为承贷主体，获得多家银行贷款后再由控股的民营企业集中使用贷款资金；二是通过转让股权（无真实的付款凭证）或以管理人员名义成立企业的方式，逃避单项业务监管和不能对集团客户发放小企业简式快速贷款的规定。

5. 不良贷款率高且呈现出突发性、隐蔽性、复杂性特点，引发商业银行贷款的系统性风险。

一些具有集团性质的民营企业表面上经营正常，风平浪静，实则乱象丛生，暗流涌动，往往在银行没有察觉的情况下，突然出现问题，产生不良。

主要表现：一是不少民营企业为尽可能多地获得银行贷款，故意隐瞒家族企业或者关联企业的控股关系，或者不断改头换面包装自己，出现多头授信、风险敞口扩大的问题；二是不少民营企业有复杂的所有权关系，存在复杂的互保、联保关系，在杠杆的作用下，远远超出了自身的担保能力。

二、商业银行民营企业贷款风险检查要点

1. 加强企业信息的真实性核查。除了核查基础材料信息以外，还要重点关注民营企业主要股东和高管人员的信用记录、从业经历、管理理念、风险偏好、发展战略等信息。对于股权关系较复杂的民营家族企业，要严格根据内控管理名单的要求进行关联核查，将核查情况如实反映在客户评级报告和项目评估报告中，解决信息对称问题和风险偏好统一问题。

2. 加强贷款担保管理，加大第二还款来源的风险缓释效用。对于第三方连带责任担保单位，银行要重视其经营分析和风险监控，了解其发展前景，避免担保形同虚设。对于抵（质）押物，一是要明确设定标准，避免因产权不明晰或无效抵押等原因造成无法追索受偿；二是要落实办理有效的登记手续和银行保管制度，避免重复抵（质）押；三是对于企业提供的抵（质）押物或担保信息，要重点分析其稳定性和变现能力，严格控制抵（质）押率，依法合规办理抵（质）押手续，定期做好抵（质）押物重估工作。

3. 加强贷后监测，加强贷后检查的深度和广度。信贷资金封闭管理，严防关联交易挪用信贷资金。加强集团关系树的识别，掌握企业的经营管理模式和资金运作模式，了解资金的实际控制方；加强信贷资金流向管

理，不定期核查支付凭证、银行流水清单，防止企业套现、挪用资金从事高危活动；着重对第一还款来源的持续性和可靠性，以及第二还款来源的完整性和安全性进行分析，揭示风险并提出防范、化解的措施。

第五十七课 住房租赁开发贷款贷后审查要点

检查要点

1. 检查是否设定了租赁收益质权。应当与借款人签订未来租赁权质押协议，将租赁收益权质押给银行。

2. 检查租赁协议。租赁住房的，当事人应当依法签订书面形式的住房租赁合同，约定租赁期限、租赁用途、租金及其支付期限和方式、修缮责任等条款，以及双方的其他权利和义务。

3. 了解当地租金水平，根据政府公布租金价格测算租金收益。

4. 根据项目施工进度协议检查项目建设进度，确保项目进度合理，控制项目风险。

【政策依据】

依据《住房租赁和销售管理条例》中的相关规定。

【案例】

××银行深圳分行与11家房地产企业以及11家企事业单位签署住房租赁战略合作，推出5000余套包括“×××建融家园”在内的长租房源，并发布个人住房租赁贷款产品。

此次合作的方式，房企出房源，××银行向租户发放名为“按居贷”的租房贷款，贷款一次性打给房企，租户再按息每月向银行还款。租户包括科技企业和个人租户，提供给科技企业的房源被纳入政府的人才房范畴，由深圳市人才安居集团和××银行合资的租赁公司统一管理。

××房地产企业与××银行签订的协议是融资协议，协议期限为3

年，抵押物为房源本身，包括××的一块自持用地、深圳某个已和××企业签订租赁协议的城中村。

【点评】

金融业内人士认为这种形式类似ABS，用稳定的租金为标的物，相当于卖三年的收益权。

第二篇

协议文本附件

【附件 1】

挤占挪用贷款处理通知书

编号：________________

____________________（借款人）：

你（单位）于____年____月____日与银行签订____________号《借款合同》，借款金额________万元，合同规定用于____________。经银行检查发现，你（单位）擅自将贷款用于____________。

根据银行与你单位签订的借款合同规定，现作以下处理：

1. 限期 5 个工作日内，将挪用____________贷款____________万元回存____________账户。

2. 自挪用之日起至挪用贷款资金全部回存____________账户之日止，对挪用部分贷款按____计收利息。

3. 在全部挪用贷款资金加存之前，银行将停止向你单位发放尚未划付的贷款。

4. 5 个工作日内，挪用贷款资金无法全部回存____________账户的，银行将采取以下一项或多项措施：

（1）停止本合同项下贷款的划付；

（2）宣布所有已发放的贷款立即到期，并要求借款人立即偿还全部已发放的贷款本金、利息或其他应付款项；

（3）从借款人在贷款行或贷款行系统内的任何分支机构开立的任何账户中直接扣划本合同项下借款人应付而未付的任何款项；

（4）实施或实现有关贷款的任何担保项下的权利；

（5）贷款行认为适当的其他方式。

中国________银行________支行/公司业务部门

________年____月____日

回　执

已收到中国________银行________支行/公司业务部门，编号为________《挤占挪用贷款处理通知书》。

借款人（公章）：　　　　　　　　　　保证人（公章）：

签收人（签名）：　　　　　　　　　　签收人（签名）：

日期：　　　　　　　　　　　　　　　日期：

【附件2】

________风险排查工作底稿

<table>
<tr><td>被检查企业</td><td></td><td>管户客户经理</td><td></td></tr>
<tr><td>授信余额</td><td></td><td>授信品种</td><td></td></tr>
<tr><td>风险分类</td><td></td><td>担保方式</td><td></td></tr>
<tr><td>问题描述</td><td colspan="3"></td></tr>
<tr><td>整改要求及时限</td><td colspan="3"></td></tr>
<tr><td>检查人员</td><td colspan="3">签字及时间：</td></tr>
<tr><td>授信后管理岗/风险经理</td><td colspan="3">签字及时间：</td></tr>
<tr><td>风险管理部负责人签字</td><td colspan="3">签字及时间：</td></tr>
</table>

【附件3】

平行作业检查分析报告

<table>
<tr><td colspan="4">平行作业人员　□行领导　□风险部、公司部、其他产品部门负责人　□风险经理　□授信后管理岗　□产品经理</td></tr>
<tr><td>客户名称</td><td colspan="3"></td></tr>
<tr><td>管户机构</td><td></td><td>客户经理</td><td></td></tr>
<tr><td>银行授信金额</td><td></td><td>银行授信余额</td><td></td></tr>
<tr><td>银行综合合作情况</td><td colspan="3"></td></tr>
<tr><td colspan="4">平行作业时间：</td></tr>
<tr><td colspan="4">平行作业地点：</td></tr>
<tr><td colspan="4">企业人员：</td></tr>
<tr><td colspan="4">银行人员：</td></tr>
<tr><td colspan="4">走访目的及需要关注、解决的问题：</td></tr>
<tr><td colspan="4">走访记录分析（参照工作手册检查要点）：</td></tr>
<tr><td colspan="4">平行作业结论（授信风险状况是否正常，风险效益是否匹配，需要揭示的问题及进一步关注的问题，下一步授信后管理要求，风险分类及预计损失调整意见）：</td></tr>
<tr><td colspan="4">平行作业人员签字：____________________
____年____月____日</td></tr>
</table>

【附件 4】

小企业一般风险授信客户日常走访记录表

<table>
<tr><td>填表说明</td><td colspan="6">1. 本记录表应本着忠实记录客户经营状况的原则如实填写；
2. 本表中的“较大幅度”指 20%（含）以上</td></tr>
<tr><td>客户参与会见人员姓名、职务及联系电话</td><td colspan="6"></td></tr>
<tr><td>履约情况</td><td colspan="6">□正常
□未正常履约（详细说明情况）____________________
____</td></tr>
<tr><td>是否提供新报表</td><td colspan="3">□是</td><td colspan="3">□否</td></tr>
<tr><td rowspan="2">净资产（万元）</td><td>期末值</td><td></td><td>比上月</td><td></td><td>比年初</td><td></td></tr>
<tr><td colspan="6">变动原因分析：________________________________</td></tr>
<tr><td rowspan="2">银行融资（万元）</td><td>期末值</td><td></td><td>比上月</td><td></td><td>比年初</td><td></td></tr>
<tr><td colspan="6">变动原因分析：________________________________</td></tr>
<tr><td rowspan="2">其他负债（万元）</td><td>期末值</td><td></td><td>比上月</td><td></td><td>比年初</td><td></td></tr>
<tr><td colspan="6">变动原因分析：________________________________</td></tr>
<tr><td rowspan="2">当年企业应税销售额（万元）</td><td>期末值</td><td></td><td>比上月</td><td></td><td>比上年</td><td></td></tr>
<tr><td colspan="6">变动原因分析：________________________________</td></tr>
<tr><td rowspan="2">客户经理评估当年实际销售收入（万元）</td><td>期末值</td><td></td><td>比上月</td><td></td><td>比上年</td><td></td></tr>
<tr><td colspan="6">变动原因分析：________________________________</td></tr>
<tr><td rowspan="2">库存（万元）</td><td>期末值</td><td></td><td>比上月</td><td></td><td>比上年</td><td></td></tr>
<tr><td colspan="6">变动原因分析：________________________________</td></tr>
<tr><td rowspan="2">对外担保（万元）</td><td>期末值</td><td></td><td>比上月</td><td></td><td>比年初</td><td></td></tr>
<tr><td colspan="6">变动原因分析：________________________________</td></tr>
</table>

续表

主要管理层变动情况	□无变化 □有变化（选此项，请在下面填写变化情况） 具体变动情况及原因：________________ ________________
员工人数变化情况	□员工人数有较大幅度增长　□员工人数基本相当 □员工人数有较大幅度减少 员工人数较大幅度增减原因：________________ ________________
抵（质）押物状态 （无抵押物则无需填写）	□正常　□存在权属争议　□查封 □毁损　□贬值 存在对抵押物价值影响的原因及对银行授信的影响：________ ________________
与上次走访时相比保证人经营情况（如无保证人则无需填写）	□较大幅度改善　□基本相当 □较大幅度下滑（选此项，请在下面填写原因） 保证人经营情况较大幅度下滑原因：________________ ________________
预警事项	□企业存在大额未决诉讼　□企业参与期货或股票炒作 □企业法人有不良嗜好 □其他（选此项，请详细填写）：________________ ________________
类型	
重检情况及其他需说明事项	

【附件5】

小企业一般授信业务贷后检查暨风险分类认定报告

<table>
<tr><td colspan="2">受信人名称</td><td colspan="3"></td><td>报告日期</td><td colspan="2"></td></tr>
<tr><td colspan="2">客户类型</td><td colspan="6">□正常类客户　□低质量或特别关注客户　□不良客户</td></tr>
<tr><td colspan="2">所属行业</td><td colspan="3"></td><td>是否年度重检</td><td colspan="2"></td></tr>
<tr><td colspan="2">客户评级</td><td colspan="3"></td><td>评级时间</td><td colspan="2"></td></tr>
<tr><td colspan="2">是否平行作业</td><td colspan="3"></td><td>平行作业岗位</td><td colspan="2"></td></tr>
<tr><td colspan="8">一、本次检查授信情况</td></tr>
<tr><td colspan="8">本次检查授信启用情况</td></tr>
<tr><td>授信种类</td><td>合同编号</td><td>币种</td><td>余额</td><td>上次风险
分类结果</td><td>上次预计损失
金额（万元）</td><td>到期日</td><td>批复编号</td></tr>
<tr><td></td><td></td><td></td><td></td><td></td><td></td><td></td><td></td></tr>
<tr><td></td><td></td><td></td><td></td><td></td><td></td><td></td><td></td></tr>
<tr><td colspan="2">授信前提条件及授信要求落实情况</td><td colspan="6"></td></tr>
<tr><td colspan="8">二、借款人财务数据（单位：万元）</td></tr>
<tr><td colspan="4"></td><td colspan="4">本年授信后检查
（退回时可更新最新财务数据）</td></tr>
<tr><td colspan="2">项目</td><td>前年</td><td>上年</td><td>本年</td><td>本年</td><td>本年</td><td>本次</td></tr>
<tr><td colspan="2">总资产</td><td></td><td></td><td></td><td></td><td></td><td></td></tr>
<tr><td colspan="2">流动资产</td><td></td><td></td><td></td><td></td><td></td><td></td></tr>
<tr><td colspan="2">应收账款</td><td></td><td></td><td></td><td></td><td></td><td></td></tr>
<tr><td colspan="2">其他应收账款</td><td></td><td></td><td></td><td></td><td></td><td></td></tr>
<tr><td colspan="2">存货</td><td></td><td></td><td></td><td></td><td></td><td></td></tr>
<tr><td colspan="2">长期投资</td><td></td><td></td><td></td><td></td><td></td><td></td></tr>
<tr><td colspan="2">固定资产（净值）</td><td></td><td></td><td></td><td></td><td></td><td></td></tr>
<tr><td colspan="2">流动负债</td><td></td><td></td><td></td><td></td><td></td><td></td></tr>
<tr><td colspan="2">短期借款</td><td></td><td></td><td></td><td></td><td></td><td></td></tr>
<tr><td colspan="2">应付票据</td><td></td><td></td><td></td><td></td><td></td><td></td></tr>
</table>

续表

			本年授信后检查（退回时可更新最新财务数据）			
项目	前年	上年	本年	本年	本年	本次
应付账款						
长期借款						
所有者权益						
长期负债合计						
主营业务收入						
主营业务成本						
净利润						
借款人基本财务指标						
主营业务利润率						
息税前营业利润率						
总资产收益率						
净资产收益率						
存货周转天数（天）						
应收账款周转天数（天）						
应付账款周转天数（天）						
总资产周转率						
盈余现金保障倍数						
留存现金流与总资本支出比						
长期资产适合率（倍）						
息税前利润利息保障倍数						
流动比率（倍）						
速动比率（倍）						
资产负债率						
调整后的资产负债率						
总有息债务/留存现金流（倍）						
借款人定量预警信号						
财务分析要点提示：根据最新财务报表，分析借款人在检查期内的财务变化情况，通过财务数据分析掌握企业基本经营状况及变化情况						

续表

<table>
<tr><td colspan="6">三、经营情况分析</td></tr>
<tr><td colspan="6">经营分析要点提示：通过现场检查或访谈经营负责人等方式，掌握企业经营状况及变化情况，重点了解生产、销售、固定资产投入、对外投资等多方面情况，并深入分析对企业经营可能产生的影响；结合授信产品进行检查分析（检查要点参见授信后管理工作手册中的授信后检查要点）。如为商票贴现或占用集团授信额度等授信业务，应同时对主要授信人（承兑人）进行全面检查</td></tr>
<tr><td colspan="6">借款人定性预警信号：（分析要点提示：预警原因、事件进展、影响程度及化解措施）</td></tr>
<tr><td colspan="6">四、对客户非财务因素的搜集及分析</td></tr>
<tr><td colspan="6">（分析要点提示：有无影响授信的相关信息，包括不局限于企业有无大额未决诉讼、有无参与期货及股票炒作、企业法人有无不良嗜好等）</td></tr>
<tr><td colspan="6">五、对借款人履约能力的总体情况判断</td></tr>
<tr><td colspan="6">借款人能否按期履约？请说明理由</td></tr>
<tr><td colspan="6">六、保证担保情况检查</td></tr>
<tr><td colspan="6">（一）基本情况</td></tr>
<tr><td>授信种类</td><td>合同编号</td><td>币种</td><td>余额</td><td>担保金额</td><td>保证人</td></tr>
<tr><td></td><td></td><td></td><td></td><td></td><td></td></tr>
<tr><td></td><td></td><td></td><td></td><td></td><td></td></tr>
<tr><td colspan="6">（二）检查情况</td></tr>
<tr><td colspan="6">（分析要点提示：对保证人行业情况、经营管理情况、财务情况进行分析，判断保证人是否具有担保能力，能否在第一还款来源违约的情况下及时偿还银行贷款，识别第二还款来源的风险点）</td></tr>
<tr><td colspan="6">保证人定性预警信号：（分析要点提示：预警原因、事件进展、影响程度及化解措施）</td></tr>
<tr><td colspan="6">七、抵（质）押情况检查</td></tr>
<tr><td colspan="6">（一）基本情况</td></tr>
<tr><td>授信种类</td><td>合同编号</td><td>币种</td><td>余额</td><td>担保金额</td><td>抵押物名称</td></tr>
<tr><td></td><td></td><td></td><td></td><td></td><td></td></tr>
<tr><td></td><td></td><td></td><td></td><td></td><td></td></tr>
<tr><td colspan="6">（二）检查情况</td></tr>
<tr><td colspan="6">（分析要点提示：进一步确认银行对抵（质）押物的法律效力和控制能力，检查抵（质）押物价值是否发生贬值或变现能力下降导致抵偿能力不足；分析抵（质）押物变现的难易程度，判断抵（质）押担保对银行债权的保障程度）</td></tr>
</table>

续表

<table>
<tr><td colspan="9">八、关联方情况检查</td></tr>
<tr><td colspan="9">是否存在关联方出现重大变化影响企业还款能力的情况，请加以评估并提出解决措施</td></tr>
<tr><td colspan="9">九、模式重检情况</td></tr>
<tr><td colspan="2">类型</td><td colspan="7"></td></tr>
<tr><td colspan="2">重检情况及其他需说明事项</td><td colspan="7">检查要点详见对公授信后管理工作手册中的授信后检查要点</td></tr>
<tr><td colspan="9">十、总体评价及建议的应对措施</td></tr>
<tr><td>授信种类</td><td>合同编号</td><td>币种</td><td>余额</td><td>上次风险分类结果</td><td>上次预计损失金额</td><td>本次风险分类结果</td><td>本次预计损失金额</td><td>到期日</td></tr>
<tr><td></td><td></td><td></td><td></td><td></td><td></td><td></td><td></td><td></td></tr>
<tr><td></td><td></td><td></td><td></td><td></td><td></td><td></td><td></td><td></td></tr>
<tr><td colspan="2">应对措施</td><td colspan="7"></td></tr>
<tr><td colspan="9">主办客户经理签字：　　　　日期：</td></tr>
<tr><td colspan="2">经营单位负责人或资产保全部负责人</td><td colspan="7">签字：　　　　日期：</td></tr>
<tr><td colspan="2">授信后管理岗/风险经理</td><td colspan="7">签字：　　　　日期：</td></tr>
<tr><td colspan="2">银行风险管理部负责人</td><td colspan="7">负责人签字：　　　　日期：</td></tr>
<tr><td colspan="2">银行主管领导</td><td colspan="7">风险总监或主管业务行长签字：　　　　日期：</td></tr>
</table>

【附件6】

贷款到期通知书

编号：________________

________________（客户名称）：

贵单位于________年________月________日与银行签订了________号________________（合同）。按合同约定，贵单位应于________年________月________日归还________________项下本金____________及相应（利息、费率）____________（金额），现期限已届满，请贵公司收到此通知后，尽快落实还款资金，按期归还。

中国________银行________（银行）________支行

联系人：________电话：________

________年____月____日

贷款到期通知书回执

中国________银行________：

我单位已收到贵行________年____月____日发来的第____号贷款到期通知书，我单位一定积极筹措资金，按时归还本息及费用，现将回执退回，请查收。

借款单位公章：

法人代表（签章）：

经办人：

电　话：

________年____月____日

注：贷款到期通知书交借款人，回执由客户经理带回（或寄回）存档。

【附件7】

贷款付息通知书

编号：________________

尊敬的________________客户：

你单位于________年____月____日与银行签订的____号借款合同，借款金额为________元，按借款合同规定，贵公司应于________年____月____日支付银行贷款利息________元，请贵公司收到此通知书按期将利息划入贵公司在银行开立的账户。

感谢您对银行的支持与合作！

中国________银行________支行

联系人：________

电　话：________

________年____月____日

贷款付息通知书回执

编号：________________

中国________银行：

我单位已收到贵行________年____月____日签发的第____号贷款付息通知书，我单位将依贷款合同规定，于________年____月____日将贷款利息划入我单位在贵行的账户，现将回执退回，请查收。

借款单位公章：____________

联系人：________

电　话：________

________年____月____日

注：贷款付息通知书交借款人，回执由客户经理带回（或寄回）存档。

【附件 8】

逾期贷款本息催收函

编号：________________

________________（客户名称）：

贵单位与银行签订的（主合同）____________（从合同）__________项下的款项__________（授信业务品种），共计金额________，利息____________，其他费率，累计____________，已于________年____月____日到期。银行曾多次与你单位联系还款事宜，但银行尚未收到你单位的还款。根据合同规定，银行自逾期之日起按____________计收逾期利息，按____________计收其他费用。对此，银行向你单位发出还款催收函，请你单位在两周内，尽快还清所欠银行贷款本息。否则，银行将采取相应的制裁措施，必要时依法清收。

中国________银行________支行

联系人：________　　电　话：________

________年____月____日

逾期贷款本息催收函回执

中国________银行：

我单位已收到贵行________年____月____日签发的第____号逾期贷款本息催收函，我单位认可该项事实，并保证承担按时还款的责任。现将回执退回，请查收。

借款单位公章：

法人代表（签章）：

经办人：________

电　话：________

________年____月____日

注：逾期贷款本息催收函交借款人，回执由客户经理带回（或寄回）存档。

【附件9】

履行连带责任保证通知书

编号：________

________（客户名称）：

贵单位与银行签订的（保证合同及编号）________项下的主债权已于____年__月__日到期，尚有______万元未归还。请你单位督促借款人在两周内还清所欠银行全部贷款本息及其他费用或由你单位代为清偿。否则，银行将采取相应的制裁措施，必要时依法清收。

中国____银行____支行

联系人：____

电　话：____

____年__月__日

履行连带责任保证通知书回执

中国____银行：

我单位已收到贵行____年__月__日签发的第__号履行连带保证责任通知书，我单位认可担保事实，并督促借款人尽快偿还所欠你行的全部贷款本息。现将回执退回，请查收。

担保单位公章：

法人代表（签章）：

经办人：____

电　话：____

____年__月__日

注：履行连带责任保证通知书交担保人，回执由客户经理带回（或寄回）存档。

【附件10】

客户经理授信后管理考核细则

	评价项目	评价子项	评分标准	权重（%）
客户经理授信后管理考核	各项指标检查完成情况（15分）	用途检查完成率是否达到100%	逾期1～3天完成扣2分，逾期3天以上全扣	5
		全面检查完成率是否达到100%	存在未按时完成全面检查报告，每发现一次扣10分	10
	授信后检查报告质量评价（20分）	企业财务报表数据更新及时，分析深入	企业财务报表数据未及时更新（半年前报表），每发现1次扣2分；财务分析不深入全面，每发现1项扣2分	5
		重大事项、风险隐患、预警信号或非财务信息揭示和解读	重大事项（对借款企业偿还有不利影响的）未及时揭示的，每发现1项扣5分；风险隐患、预警信号或关联方对借款企业偿还有不利影响，每发现1项扣2分；有定性或定量预警信号未分析说明，每发现1项扣2分	5
		借款人按期履约能力充分评估	对借款人经营情况、管理情况、项目进展、能否按期还款等未充分说明和评估，每发现1项扣2分；检查结论过于简单，仅用正常、能够履约等简单回答作为结论，每发现1项扣2分	5
		担保人担保能力、抵（质）押物检查分析	对担保人经营情况、管理情况、项目进展、能否按期还款等未充分说明和评估，每发现1项扣2分；对抵（质）押物价值、权属及其限制情况、安全、法律文件等未充分说明和评估，每发现1项扣2分；检查结论过于简单，仅用正常、能够代偿、能变现等简单回答作为结论，每发现1项扣2分	5
	配合平行作业情况（15分）	平行作业配合完成情况	覆盖率100%得满分，每下降10%扣1分	10
		报告提交及时性	是否在3个工作日内完成平行作业记录分析报告，逾期1天完成扣2分，逾期2天以上全扣	5
	风险预警（15分）	预警事项及预警信号处理的及时性	未及时发现重大预警事项或对预警信号分析不深入的扣10分，发现未及时处理扣5分，造成不良贷款的全扣	15

续表

<table>
<tr><th></th><th>评价项目</th><th>评价子项</th><th>评分标准</th><th>权重（%）</th></tr>
<tr><td rowspan="8">客户经理授信后管理考核</td><td rowspan="2">风险排查（10分）</td><td>风险排查的主动性</td><td>配合授信后管理中心开展风险排查工作，未及时提供资料数据的扣1分，提供数据缺失、错误的扣1分，补充后仍不符合要求的扣2分</td><td>5</td></tr>
<tr><td>整改落实情况</td><td>风险排查结果未及时整改到位的扣2分，部分整改的扣1分</td><td>5</td></tr>
<tr><td>收息收贷管理（5分）</td><td>管理情况</td><td>及时通知企业按期还款，若出现欠息、逾期情况，在2个工作日内结清的，每发现一笔扣2分，2个工作日内未结清的，每发现一笔扣5分</td><td>5</td></tr>
<tr><td>风险分类及预计损失（5分）</td><td>风险分类和预计损失的初分和初步测算</td><td>是否及时按规定进行风险分类和预计损失测算，与最终风险分类存在两级（含）以上偏差的，每发现一笔扣2分，五级分类中出现偏差的，每发现一笔扣2.5分</td><td>5</td></tr>
<tr><td rowspan="2">低质量客户管理（10分）</td><td>低质量与特别关注客户维护情况</td><td>达到低质量（或特别关注）客户标准的未及时列入，每一个扣2分，主动识别并经银行确认列入低质量（或特别关注）客户名单，每一个加2分</td><td>5</td></tr>
<tr><td>压缩比率</td><td>按总（分）行规定落实风险化解方案的得5分，未按总（分）行规定落实的不得分</td><td>5</td></tr>
<tr><td>档案管理及系统维护（5分）</td><td>档案管理及系统维护情况</td><td>通过抽查，档案资料不完备，发现一次扣2分；在系统中录入错误信息的，每发现一次扣2分</td><td>5</td></tr>
<tr><td colspan="2">合计</td><td></td><td>100</td></tr>
<tr><td colspan="4">加分项：对于授信后管理情况良好，工作成效突出的银行，将酌情给予加分，最多加分10分。加分情况包括但不限于以下情况：及时发现重大预警事项并成功清收转化、超额完成低质量客户压缩计划、授信后履职情况持续保持优良且检查报告质量达标、平行作业覆盖率达标且效果突出等</td><td>最多加10分</td></tr>
</table>

注：

质量等级	授信后检查报告质量对应分值
优	18～20分
良	15～17分
中	12～14分
差	12分以下

【附件 11】

风险经理授信后管理考核细则

	评价项目	评价子项	评分标准	权重（%）
风险经理授信后管理考核	对公授信后检查工作质量评价情况（30 分）	质量评价情况	按月完成《对公授信后检查工作质量评价结果汇总表》，提交授信后管理岗（每月上旬需完成上月评价）。逾期 1 天扣 3 分，2 天扣 6 分，3 天全扣	10
		风险揭示情况	对授信后管理工作质量评价是否准确，是否充分揭示风险。对于应发现未发现风险情况，发现一项扣 5 分	10
		风险信息传导情况	是否将风险信息及时传导给授信后管理岗、客户经理及其部门负责人，应传导未传导的，发现一项扣 5 分	10
	平行作业（30 分）	覆盖率	按照总行平行作业比率要求完成平行作业，完成率每下降 10% 扣 1 分	10
		报告提交及时性	是否在 3 个工作日内完成平行作业记录分析报告，逾期 1 天扣 2 分，逾期 2 天以上全扣	10
		检查报告质量	未按提示重点完成平行作业并作记载，每缺漏一项扣 1 分	10
	风险分类和预计损失测算（10 分）	风险分类和预计损失	能否准确核查风险分类，与最终风险分类存在两级（含）以上偏差的，每发现一笔扣 2 分，五级分类中出现偏差的，每发现一笔扣 2.5 分	10
	预警信号（15 分）	发现预警信号	应主动识别预警信号，重大信息疏漏的，一次扣 2 分	10
		核查、生效信号	未协助客户经理核查预警信息、确定预警程度，发现一次扣 2 分	5
	低质量及特别关注客户（5 分）	协助客户经理制订低质量及特别关注等重点监控客户的风险化解预案	低质量及特别关注客户未协助客户经理制订风险化解预案的，发现一次扣 5 分	5
	风险排查（10 分）	检查资料	配合授信后管理中心开展风险排查工作，未及时提供资料数据的扣 1 分，提供数据缺失、错误的扣 1 分	5
		主动性	未积极配合授信后管理岗完成风险排查的，发现一次扣 2 分	5

续表

	评价项目	评价子项	评分标准	权重（%）
合计				100
加分项：对于授信后管理情况良好、工作成效突出的银行，将酌情给予加分，最多加 10 分。加分情况包括但不限于以下情况：及时发现重大预警事项并成功清收转化、超额完成低质量客户压缩计划、授信后履职情况持续保持优良且检查报告质量达标、平行作业覆盖率达标且效果突出等				最多加 10 分

【附件 12】

授信后管理岗考核细则

	评价项目	评价子项	评分标准	权重（%）
授信后管理岗考核	履职情况（10 分）	授信后检查完成率	督导客户经理、经营部门按时完成授信后检查，完成率未达 100% 的，每下降 1% 扣 1 分，未达 90% 的不得分	10
	授信后检查报告质量评价（25 分）	风险分类准确性	与最终风险分类存在两级（含）以上偏差的，每发现一笔扣 2 分；五级分类中出现偏差的，每发现一笔扣 2.5 分	5
		检查报表更新情况，分析是否深入	报表数据未及时更新（半年前报表），每发现 1 次扣 1 分；财务分析不深入全面，每发现 1 项扣 1 分	5
		检查重大事项、风险隐患、预警信号或非财务信息揭示和解读情况	重大事项（对借款企业偿还有不利影响的）未揭示的，每发现 1 项扣 3 分；一般风险隐患、预警信号或关联方对借款企业偿还有不利影响未揭示的，每发现 1 项扣 3 分；有定性或定量预警信号未分析说明，每发现 1 项扣 1 分	5
		检查借款人按期履约能力是否充分评估	履约情况的总体判断理由是否充分，对借款人经营情况、管理情况、项目进展、能否按期还款等未充分说明和评估，每发现 1 项扣 1 分；检查结论过于简单，仅用正常、能够履约等简单回答作为结论，每发现 1 项扣 2 分	5
		检查担保人担保能力及抵（质）押物的变现能力分析	担保人经营情况、管理情况、项目进展、能否按期还款等未充分说明和评估，每发现 1 项扣 1 分；对抵（质）押物价值、权属及其限制情况、安全、法律文件等未充分说明和评估，每发现 1 项扣 1 分；检查结论过于简单，仅用正常、能够代偿、能变现等简单回答作为结论，每发现 1 项扣 2 分	5
	风险排查（15 分）	风险排查的成效	落实总行风险排查，报告未及时上报，一次扣 2 分；报告内容有缺漏，发现一次扣 2 分；未落实银行风险排查，发现一次扣 2 分；应发现而未发现重大风险信息的，一项扣 3 分	10
		落实整改情况	整改未落实到位的一项扣 2 分，无法整改的除外	5
	风险预警（15 分）	预警信息搜集	通过日常监控（包含点击千里眼网站）和相关媒体，搜集预警信息，每发现一次重大信息疏漏的，扣 2 分	6
		预警信号处理	未按规定及时处理预警信号的，每发现一次扣 1 分；未配合客户经理核查预警信息确定预警程度的，每发现一次扣 2 分	5
		材料准备	风险预警会材料准备情况，每缺漏一项扣 2 分，缺两项不得分	4

续表

	评价项目	评价子项	评分标准	权重（%）
授信后管理岗考核	低质量及特别关注客户（5分）	风险化解方案	督导客户经理落实风险转化方案，在规定期限内，未按计划完成风险转化的，每发现一户扣1分；在管理期间内，客户风险分类状态发生负向迁徙的，如特别关注变为低质量的，每发生一项扣1分	2
		日常梳理排查	正常类客户未经低质量及特别关注直接转不良的，每发现一项扣2分	2
		情况汇总	未按季汇总风险转化情况的，一次扣1分	1
	平行作业（10分）	覆盖率	按照总行平行作业比率要求完成平行作业，完成率每下降10%扣0.5分	4
		报告提交及时性	要求在3个工作日内完成平行作业记录分析报告，逾期1天完成扣2分，逾期2天以上全扣	3
		检查报告质量	未按提示重点完成平行作业并作记载的，每缺漏一项扣1分	3
	收息收贷（5分）	情况统计	每月统计下两个月授信履约情况，每疏漏一次扣0.5分	2.5
		处置预案	对不能按期履约却未及时通知经营单位制订逾期贷款处置预案的，扣1分	2.5
	拨备管理（5分）	完成情况	是否按总行规定完成拨备管理，未按总行规定要求上报的，发现一次扣1分	5
	测评与考核（10分）	完成情况	是否完成对经营单位、客户经理授信后管理的考核，每季是否及时报备总行，未按时间规定发现一次扣1分	5
		评价的准确性	对经营单位、客户经理授信后管理的评价是否客观、准确，存在与事实偏差情况，每发现一次扣1分	5
合计				100
加分项：对于授信后管理情况良好、工作成效突出的银行，将酌情给予加分，最多加10分。加分情况包括但不限于以下情况：及时发现重大预警事项并成功清收转化、超额完成低质量客户压缩计划、授信后履职情况持续保持优良且检查报告质量达标、平行作业覆盖率达标且效果突出等				最多加10分

【附件 13】

授信用途检查报告

<table>
<tr><td colspan="6">授信用途检查报告</td></tr>
<tr><td>客户名称</td><td colspan="2"></td><td>所属机构</td><td colspan="2"></td></tr>
<tr><td>授信合同号</td><td></td><td>授信借据号</td><td></td><td>借据起止日</td><td></td></tr>
<tr><td>授信品种</td><td></td><td>授信金额</td><td></td><td>授信余额</td><td></td></tr>
<tr><td>入账存款账号</td><td colspan="5"></td></tr>
<tr><td>贷款类型</td><td colspan="5">□新增　　□借新还旧　　□还旧借新　　□重组</td></tr>
<tr><td>合同约定授信用途</td><td colspan="5"></td></tr>
<tr><td rowspan="3">客户账户中 7 个工作日内大额资金主要流向</td><td>年　月　日</td><td>金额：</td><td colspan="2">支付方式：</td><td>收款人：</td></tr>
<tr><td>年　月　日</td><td>金额：</td><td colspan="2">支付方式：</td><td>收款人：</td></tr>
<tr><td>……</td><td>……</td><td colspan="2">……</td><td>……</td></tr>
<tr><td>本笔贷款银行附加条款落实情况记录及其他需要说明的情况</td><td colspan="5"></td></tr>
<tr><td>授信用途检查评价</td><td colspan="5"></td></tr>
<tr><td colspan="6">检查人：</td></tr>
<tr><td colspan="6">日期：</td></tr>
</table>

注：贷款为固定资产贷款或项目融资贷款大额资金指单笔金额超过总投资 5% 或超过 500 万元的；除固定资产贷款的其他贷款品种的大额资金指单笔超过借款合同的 30%，且超过 100 万元的，或单笔支付未超过借款合同金额的 30%，但绝对金额超过 1000 万元的。

【附件 13 - 1】

一般授信业务贷后检查暨风险分类认定报告

中国________银行一般授信业务贷后检查暨风险分类认定报告

授信人名称		报告日期	
客户类型	□正常类客户 □低质量或特别关注客户 □不良客户		
检查频率	□180 天 □90 天 □30 天		
所属行业		是否年度重检	
客户评级		评级时间	
是否平行作业		平行作业岗位	

一、本次检查授信情况

本次检查授信启用情况

授信种类	合同编号	币种	余额	上次风险分类结果	上次预计损失金额（万元）	到期日	批复编号
授信前提条件及授信要求落实情况							

二、行业分析

（要点提示：主要分析检查期行业变化情况，特别是借款人所在子行业发展情况。对于中小企业营销客户，要按照检查要点重检该营销模式）

三、借款人财务数据（单位：万元）

内容			本年授信后检查（退回时可更新最新财务数据）			
项目	前年	上年	本年	本年	本年	本次
总资产						
流动资产						
应收账款						
其他应收账款						

续表

内容			本年授信后检查（退回时可更新最新财务数据）			
项目	前年	上年	本年	本年	本年	本次
存货						
长期投资						
固定资产（净值）						
流动负债						
短期借款						
应付票据						
应付账款						
长期借款						
所有者权益						
长期负债合计						
主营业务收入						
主营业务成本						
净利润						
借款人基本财务指标						
主营业务利润率						
息税前营业利润率						
总资产收益率						
净资产收益率						
存货周转天数（天）						
应收账款周转天数（天）						
应付账款周转天数（天）						
总资产周转率						
盈余现金保障倍数						
留存现金流与总资本支出比						
长期资产适合率（倍）						
息税前利润利息保障倍数						
流动比率（倍）						
速动比率（倍）						
资产负债率						

续表

<table>
<tr><td colspan="3">内容</td><td colspan="4">本年授信后检查（退回时可更新最新财务数据）</td></tr>
<tr><td>项目</td><td>前年</td><td>上年</td><td>本年</td><td>本年</td><td>本年</td><td>本次</td></tr>
<tr><td>调整后的资产负债率</td><td></td><td></td><td></td><td></td><td></td><td></td></tr>
<tr><td>总有息债务/留存现金流（倍）</td><td></td><td></td><td></td><td></td><td></td><td></td></tr>
<tr><td colspan="7">借款人定量预警信号</td></tr>
<tr><td colspan="7">（财务分析要点提示：根据最新财务报表，分析借款人在检查期内的财务变化情况，通过财务数据分析掌握企业基本经营状况及变化情况）</td></tr>
<tr><td colspan="7">四、经营情况分析</td></tr>
<tr><td colspan="7">（经营分析要点提示：通过现场检查或访谈经营负责人等方式，掌握企业经营状况及变化情况，重点了解生产、销售、固定资产投入、对外投资等多方面情况，并深入分析对企业经营可能产生的影响；结合授信产品进行检查分析（检查要点参见授信后管理工作手册中的授信后检查要点）。如为商票贴现或占用集团授信额度等授信业务，应同时对主要授信人（承兑人）进行全面检查）</td></tr>
<tr><td colspan="7">借款人定性预警信号（分析要点提示：预警原因、事件进展、影响程度及化解措施）</td></tr>
<tr><td colspan="7">借款人定性预警信号</td></tr>
<tr><td colspan="7">保证人定性预警信号</td></tr>
<tr><td colspan="7">1. 预警信号详情</td></tr>
<tr><td colspan="7">2. 预警信号不利因素的分析及解决措施</td></tr>
<tr><td colspan="7">（1）是否按申请用途正常使用银行授信？如与申请用途不符，是否违规操作？具体说明原因及解决措施</td></tr>
<tr><td colspan="7">（2）客户在银行或他行是否出现逾期（垫款）、分期还款脱期及拖欠利息情况，其成因为何？如何解决？</td></tr>
<tr><td colspan="7">（3）是否存在企业改制、资产重组、股东更换、行业变化、法律纠纷、经营策略调整、融资能力变化等情况，如有请加以评估并提出解决措施。</td></tr>
<tr><td colspan="7">（4）其他需要说明的内容</td></tr>
<tr><td colspan="7">五、对借款人履约能力的总体情况判断</td></tr>
<tr><td colspan="7">借款人能否按期履约，请说明理由</td></tr>
<tr><td colspan="7">六、对客户非财务因素的搜集及分析</td></tr>
<tr><td colspan="7">（分析要点提示：有无影响授信的相关信息，包括不局限于企业有无大额未决诉讼、有无参与期货及股票炒作、企业法人有无不良嗜好等）</td></tr>
</table>

续表

<table>
<tr><td colspan="6">七、保证担保情况检查</td></tr>
<tr><td colspan="6">（一）基本情况</td></tr>
<tr><td>授信种类</td><td>合同编号</td><td>币种</td><td>余额</td><td>担保金额</td><td>保证人</td></tr>
<tr><td></td><td></td><td></td><td></td><td></td><td></td></tr>
<tr><td></td><td></td><td></td><td></td><td></td><td></td></tr>
<tr><td></td><td></td><td></td><td></td><td></td><td></td></tr>
<tr><td colspan="6">（二）检查情况</td></tr>
<tr><td colspan="6">（分析要点提示：对保证人行业情况、经营管理情况、财务情况进行分析，判断保证人是否具有担保能力，能否在第一还款来源违约的情况下及时偿还银行贷款，识别第二还款来源的风险点）</td></tr>
<tr><td colspan="6">保证人定性预警信号（分析要点提示：预警原因、事件进展、影响程度及化解措施）</td></tr>
<tr><td colspan="6"></td></tr>
<tr><td colspan="6">八、抵（质）押情况检查</td></tr>
<tr><td colspan="6">（一）基本情况</td></tr>
<tr><td>授信种类</td><td>合同编号</td><td>币种</td><td>余额</td><td>担保金额</td><td>抵押物名称</td></tr>
<tr><td></td><td></td><td></td><td></td><td></td><td></td></tr>
<tr><td></td><td></td><td></td><td></td><td></td><td></td></tr>
<tr><td></td><td></td><td></td><td></td><td></td><td></td></tr>
<tr><td colspan="6">（二）检查情况</td></tr>
<tr><td colspan="6">（分析要点提示：进一步确认银行对抵（质）押物的法律效力和控制能力，检查抵（质）押物价值是否发生贬值或变现能力下降导致抵偿能力不足；分析抵（质）押物变现的难易程度，判断抵（质）押担保对银行债权的保障程度）</td></tr>
<tr><td colspan="6">九、关联方情况检查</td></tr>
<tr><td colspan="6">是否存在关联方出现重大变化影响企业还款能力的情况，请加以评估并提出解决措施。</td></tr>
<tr><td colspan="6">十、总体评价及建议的应对措施</td></tr>
</table>

授信种类	合同编号	币种	余额	上次风险分类结果	上次预计损失金额（万元）	本次风险分类结果	本次预计损失金额	到期日

续表

应对措施	
	主办客户经理签字：　　　日期：
经营单位负责人或资产保全部负责人	签字：　　　日期：
授信后管理岗/风险经理	签字：　　　日期：
银行风险管理部负责人	负责人签字：　　　日期：
银行主管领导	风险总监或主管业务行长签字：　　　日期：

【附件13－2】

贸金重点产品风险排查表

银行名称	产品	风险点	存在问题描述
	保理	1. 方案审批 （1）保理业务方案审批是否超权限； （2）保理业务方案审批单据是否齐备； （3）保理业务重要操作节点及风险点在批复中是否进行明确； （4）是否对买卖双方交易背景及合格应收账款成立的条件进行审核； （5）其他	无
		2. 应收账款债权转让事宜是否落实 （1）对于融资前通知的业务，是否有效落实债权转让通知事宜，对于邮件通知方式，是否核实收件人已收到通知，对于书面通知方式是否有效核实了确认的真实性； （2）对于融资后通知，业务方案审批是否在备注中进行了有效风险揭示； （3）是否预留了卖方已签字的应收账款债权转让通知书	无
		3. 转让及融资放款 （1）是否有效落实了贸易背景真实性审核； （2）是否按照保理制度及保理方案批复中要求在融资前对相关单据进行审核； （3）其他	无

续表

银行名称	产品	风险点	存在问题描述
	保理	4. 过程管理 （1）是否严格监控买方回款情况，是否存在间接付款及其他异常付款情况，如买方按融资金额付款、迟付款、少付款等； （2）对于票据回款，是否严格按照批复规定及票据回款相关要求进行管理； （3）是否对卖方经营情况及与买方的合作情况进行了解，是否不定期对企业发货、验收、付款等过程进行检查； （4）对于无合理理由的买方回款不正常现象或买卖双方出现的经营问题，是否及时提出风险预警信号； （5）是否按要求定期与核心企业进行对账； （6）其他	无
		5. 系统操作 （1）方案审批、客户额度维护、融资、还款等所有业务操作是否都通过保理系统进行，没有系统外操作； （2）系统录入要素是否和业务实际情况相符，系统数据是否真实反映了业务进展情况； （3）单次处理的经办、复核、授权是否均由相应权限用户在系统中完成，是否不存在单人处理和串号乱用等不合规行为； （4）其他	无
	国内信用证	1. 申请和受理 （1）国内信用证业务是否有真实的贸易背景和交易关系； （2）申请人是否有授信额度或者缴纳相应保证金； （3）是否与未签订合作协议的银行办理跨系统的国内信用证业务； （4）申请人的信用状况是否符合授信要求	无
		2. 开立与修改 （1）银行超权限审核是否报总行； （2）开出信用证时是否通过通知行进行证实； （3）开证时是否复核； （4）信用证修改是否经审批和证实； （5）收到的信用证或信用证修改书通知要素是否齐全	无

续表

银行名称	产品	风险点	存在问题描述
	国内信用证	3. 委托收款 （1）办理委托收款时，收到的单据与信用证所要求的是否相符； （2）逾期后是否迟迟不能收到开证行的款项	无
		4. 融资管理 （1）议付和买方押汇、卖方押汇超权限审批是否上报总行； （2）融资利率管理是否符合要求； （3）审核融资业务背景是否真实有效； （4）增值税发票管理是否符合要求，是否及时核查真实性并进行批注	无
		5. 后期管理 （1）国内信用证业务发生风险时，是否得到相关部门及时介入进行风险处置； （2）发生垫款是否及时上报总行和风险条线	无
		6. 合规管理 （1）是否越权办理业务； （2）办理信用证结算业务是否违规收费； （3）对符合信用证条款的单据是否无理由拒付、拖延付款	无
	商品融资	1. 质押物的价值 （1）是否根据总行规定每日盯市，并与出质价格进行对比； （2）若质物价格跌幅超过方案批复规定的幅度时，是否填写价格预警/异常变动通知单，并在价格跌幅达到设定的警戒线时，发出补款/补货通知书； （3）客户是否在规定时间内补充保证金或质押物； （4）方案及授信批复中要求购买保险的是否按要求落实	无
		2. 质押物的货物周转情况 （1）客户经营单位及银行商品融资中心是否根据总行规定落实货物周转期的管理； （2）按照商品融资业务方案审批批复中明确的货物周转的期限要求，统计分析客户出质的货物或被控制发货（提货）权的货物在指定期间内其出库或发货（提货）的价值是否达到对应融资的最低应出质价值或控货值，并调查没有达到最低应出质价值或控货值的原因	无

续表

银行名称	产品	风险点	存在问题描述
	商品融资	3. 质押物的监管 是否根据总行规定落实核查库的管理：按照商品融资业务方案及授信审批批复中明确的质押物监管要求，核查质押物在监管过程中的数量、质量、进出库管理是否符合银行要求并填写查库报告书	无
		4. 核心供应商的发货及退款承诺 （1）是否根据总行规定落实发货期的管理：按照商品融资业务方案审批批复中明确的发货期限要求，核实核心供应商是否在规定期限内足值按协议约定的要求发货至指定监管仓库； （2）是否按总行规定执行与授信企业及核心供应商的定期对账，及时核实银行融资款项的定向支付及核心供应商已发货价值及尚未发货仍负有退款承诺部分的价值	无

【附件14】

银行反向保兑仓业务三方协议

中国________银行反向保兑仓业务三方协议

编号：________

甲方（卖方/供货商）：________________________________

地址：________________________________

法定代表人：________________________________ 电话：____________

开户行：________________________________

账号：________________________________

乙方（买方/经销商）：________________________________

地址：________________________________

法定代表人：________________________________ 电话：____________

开户行：________________________________

账号：________________________________

丙方：中国________银行____________________分/支行

地址：________________________________

负责人：____________________________ 电话：____________

甲、乙、丙三方一致同意合作开展“反向保兑仓”业务，为明确各方在“反向保兑仓”业务中的权利和义务，经各方自愿平等协商一致订立本合同，以共同遵守。

第一条 本协议所用术语含义

“反向保兑仓”业务：丙方向乙方提供授信定向用于向甲方购买货物，并委托甲方保管货物，乙方缴存保证金后，甲方根据丙方指示向乙方发送相应价值的货物。如授信到期甲方尚未发完货物，甲方将承担未发货部分的退款或商品回购责任。

保证金：在本协议丙方提供对应的授信产品项下，乙方向丙方缴存的用于满足丙方授信条件及封闭丙方授信产品敞口的资金。

发货通知书：丙方根据乙方缴存保证金数额向甲方签发的、甲方凭以发运本协议项下货物的唯一书面凭据。

第二条　“反向保兑仓”业务项下的融资

（一）根据乙方申请及乙方提供甲乙双方的购销合同及业务贸易背景等资料，经丙方审查通过，丙方为乙方提供下述银行授信产品专项用于购买甲方货款，金额最高不超过人民币（大写）＿＿＿＿＿＿万元，期限一年，可循环使用，并与乙方签订＿＿＿＿＿＿＿＿授信协议。

1. 银行承兑汇票　　□国内信用证　　□封闭贷款

2. 其他（请具体列明）＿＿＿＿＿＿＿＿

（二）乙方向丙方申请的授信产品金额及期限等应与购销合同的内容相应。

第三条　丙方依据甲乙双方的购销合同和相应贸易背景材料以及与乙方签订的＿＿＿＿＿＿＿＿协议：

1. 开具申请人为乙方、收款人为甲方的银行承兑汇票，直接交给或通过EMS邮寄给甲方指定专人。甲方收到后，应向丙方出具＿＿＿＿＿＿＿＿收到确认函（附件14－2）。

2. 开立申请人为乙方、受益人为甲方的信用证，直接交给甲方或通过甲方指定的银行通知甲方。

3. 根据乙方指令，将融资款项直接支付给甲方账户，账名：＿＿＿＿＿，账号：＿＿＿＿＿＿开户行：＿＿＿＿＿＿。

第四条　提货

（一）乙方每次提取合同项下的货物时，需向丙方提出申请，并填写提货申请书（附件14－3）。同时向乙方在丙方开立的保证金账户中存入相当于该次提货金额的保证金（或归还相当于该次提货金额的融资款项）。

（二）丙方核对乙方缴存的保证金数额（或归还相当于该次提货金额的融资款项）与提货申请书中的提货金额相符后，根据缴存保证金的数额在＿＿个工作日内向甲方发出发货通知书（附件14－4）。丙方累计通知发货的金额不能超过乙方在丙方开立的保证金账户中保证金的余额（或归还相当于该次提货金额的融资款项）。

（三）甲方收到丙方出具的发货通知书后，向丙方发出发货通知书收到确认函（附件5），同时按照丙方的通知金额向乙方发货。

（四）丙方出具的发货通知书是甲方向乙方发货的唯一凭证。甲方保证其向乙方发货只凭丙方开具的发货通知书，并严格按照发货通知书的内容发货，其累计实际发货金额不能超过丙方累计通知发货金额。

若甲方未按丙方出具的发货通知书所规定的金额发货，甲方和乙方之间由此产生的纠纷与丙方无关，丙方对甲乙双方的损失不承担任何责任。

（五）乙方收到甲方的发货后，应向丙方出具货物收到告知函（附件14－6）。

（六）为了确保本协议准确执行无误，甲乙丙三方约定：

1. 指定专人负责联系和操作本合同项下的业务。如有变动，应当立即书面通知各方，在对方收到书面通知之前，原经办人员所办理的业务仍然有效。

2. 各方在业务发生前预留印鉴和签字样本（附件14－1），业务办理过程中，收到业务项下的________________收到确认函、提货申请书、发货通知书、发货通知书收到确认函、货物收到告知函等文件后，应认真核对印鉴和签字是否与预留样本相符，并对核对结果负责。

3. 发货通知书、发货通知书收到确认函、货物收到告知函等重要文件应派专人直接送达。不能专人直接送达的，应采用快递或挂号信等稳妥方式传递，同时应电话通知对方。

（七）甲、乙、丙三方应视提货发生频率定期对账（但每月不能少于一次），任何一方都应无条件给予配合。三方如出现核对不一致的情况时，应立即停止办理发货手续，查明原因并解决后，由各方书面确认后方可重新执行本协议。

第五条　银行授信产品到期

（一）银行授信产品到期前，如果授信产品全额封闭敞口，即丙方累计出具的发货通知书货款总金额达到授信产品总金额时，则该笔“反向保兑仓”业务正常结束。

（二）银行授信产品到期前________个工作日，如果银行授信产品没有全额封闭敞口，即丙方累计出具的发货通知书货款总金额小于银行授信产品总金额时，丙方向甲方发出退款通知书（附件14－7）。甲方收到退款通知书________个工作日内，必须无条件按退款通知书的要求将差额款项汇入乙方在丙方开立的保证金账户。

如果甲方没有按时退款，乙方作为银行授信产品申请人应无条件向丙方提供资金，封闭银行授信敞口。银行授信产品到期时，若甲方未将差额款项退还丙方且乙方未提供资金致使丙方在本协议项下所提供的授信出现逾期，则甲方应按日利率________向丙方支付罚息，且丙方有权依法处置相应货物。

（三）丙方将以________________登记台账方式记载融资情况，并定期与甲方核对。

第六条　声明和保证

（一）协议各方均为依法成立并合法存在的机构，有权以自身的名义、权利和权限从事本协议项下的业务经营活动并以自身的名义签署和履行本合同。签署本协议所需的有关文件和手续已充分齐备及合法有效。

（二）甲乙双方保证其双方不存在资本控制和参与关系，在购销合同签订之前无任何未决争议或债权债务纠纷。

（三）甲方向丙方退还差额款项的责任是独立的，甲方和乙方之间、甲方和丙方之间的任何合同或者争议或任何条款的无效都不影响甲方的退款责任。

（四）甲方声明并保证其向丙方退回差额款项是无条件的，无须丙方先向乙方索偿或丙方先对乙方采取任何法律行动；产品质量、商品价格、交货期限、购销合同等变动不影响甲方无条件退回差额款项的义务。

（五）签署本合同是各方自愿的，是各自真实意思的表示。

（六）各方将按照诚实信用原则履行本合同，并给予本合同各方必须的协助和配合。

第七条　违约责任

本合同任何一方违反本合同的任何条款（包括声明和保证条款）均构成本合同项下的违约行为，对于其违约行为给守约方造成损失，应负责赔偿，赔偿损失的范围包括但不限于本金、利息、罚息、可以预见的可得利益及实现债权的所有费用。

第八条　其他约定

____

第九条 争议解决

本合同项下的和本合同有关的一切争议、纠纷均由各方协商解决，协商不成的，应向________方所在地的有管辖权的人民法院提起诉讼。

第十条 合同生效

本合同经各方授权代表签字并加盖公章后生效，有效期限自____年____月____日至____年____月____日。

第十一条 合同文本及附件

本合同涉及的附件是合同不可分割的组成部分。

本合同一式____份，每方各执一份，每份具有同等法律效力。

（本页无正文）

甲方（公章）：

法定代表人（授权代表）：

____年____月____日

乙方（公章）：

法定代表人（授权代表）：

____年____月____日

丙方（公章）：

法定代表人（授权代表）：

____年____月____日

【附件 14－1】

预留印鉴证明书

为了保障＿＿＿＿＿＿＿＿公司（卖方）、＿＿＿＿＿＿＿＿公司（买方）和＿＿＿＿＿＿＿＿银行签订的编号为（＿＿＿＿＿＿＿＿）中国＿＿＿＿银行反向保兑仓业务三方协议能安全、顺利的执行，各方将指定专人负责联系工作，并在此预留印鉴和签字样本。本业务项下的＿＿＿＿收到确认函、提货申请书、发货通知书、发货通知书收妥确认函、货物收妥告知函、退款通知书上的印鉴和签字必须与下面预留样本相符方为有效。

1. 卖方（甲方）：	2. 买方（乙方）：
印鉴样本：	印鉴样本：
有权签字人签字样本：	有权签字人签字样本：
3. 银行（丙方）：	
印鉴样本：	
有权签字人签字样本：	

本预留印鉴证明书一式＿＿份，＿＿＿＿方各执一份，具有同等效力，并据此核对有关业务附件和单据。如任何一方需更改预留印鉴和签字样本，应提前书面通知另外各方。

（本页无正文）

卖方（甲方）
（公章）：
法定代表人或授权代表：

年　　月　　日

买方（乙方）
（公章）：
法定代表人或授权代表：

年　　月　　日

银行（丙方）
（公章）：
法定代表人或授权代表：

年　　月　　日

【附件 14－2】

__________收到确认函

编号：________

中国________银行________分（支）行：

作为编号为______________中国________银行反向保兑仓业务三方协议项下的卖方，我公司已收到由______________公司（买方）签发的银行承兑汇票/划付的采购款项。

（1）银行承兑汇票。有关信息如下：

汇票号码	签发日期	到期日期	票面金额

（2）划付资金（大写）______________万元。

______________公司（卖方）

有权签字人（预留印鉴）：

____年____月____日

【附件 14－3】

提货申请书

编号：________

中国________银行________分（支）行：

根据编号为________________的中国________银行反向保兑仓业务三方协议下开具的：

（1）银行承兑汇票（编号为____________，金额共____________）/

（2）划付资金（大写）________________的项下，我公司现申请提取________________（商品名称），金额为________________（大写）。我公司已经将相应款项划付贵行，用于封闭银行相应的授信敞口，请贵行核查后向________________公司（卖方）开出发货通知书。

申请人：________________公司

有权签字人（预留印鉴）：

____年____月____日

【附件 14－4】

发货通知书

编号：________

________________公司（卖方）：

根据银行与贵公司及________________（买方）签订的中国________银行反向保兑仓业务三方协议（编号________________）约定，经本行审查，同意________________公司（买方）向贵公司提取____________（商品），其价值为人民币（大写）____________，请贵公司按此金额为限办理发货手续。

到本次发货通知书（含本通知书）为止，本行通知贵公司在上述中国____________银行反向保兑仓业务三方协议项下：（1）银行承兑汇票________________/（2）划付资金向买方发货的价值累计金额为________________（大写）。

中国________银行________________

有权签字人（预留印鉴）：________________

____年____月____日

【附件 14－5】

发货通知书收到确认函

编号：________

中国________银行________分（支）行：

我公司（卖方）已于____年____月____日收到贵行出具的，号码为________银行承兑汇票项下发货通知书（编号：____________），我公司将按发货通知书中告之的________元（价值）限额发货。

特此确认。

________________公司

（预留印鉴）

____年____月____日

【附件 14－6】

货物收妥告知函

编号：________

中国________银行________分（支）行：

我公司（买方）已于____年____月____收到中国________银行反向保兑仓业务三方协议（编号________）项下：（1）________号________银行承兑汇票/（2）划付________（万元）的资金项下（卖方）发出的____________货物名称____________，价值（大写）____________（元）数量为____________。

特此告知。

________________公司（买方）

（预留印鉴）

____年____月____日

【附件 14－7】

退款通知书

________公司（卖方）：

根据银行与贵公司及________公司（买方）签订的中国________银行反向保兑仓业务三方协议（编号________）约定，银行：

（1）签发了贵公司为收款人的银行承兑汇票，具体如下：

汇票号码	签发日期	到期日期	票面金额

（2）划付了________（万元）的资金。

截至今日，贵公司已累计发货________（金额大写），应退货款________（金额大写）。请贵公司于收到本通知书后________日内将上述应退货款付至以下银行账户。

银行名称：________

户名：________

账号：________

备注：________。

中国________银行________

有权签字人（预留印鉴）：________

____年____月____日

【附件15】

董事会决议

________（公司名称）

第____届董事会第____次会议决议

________（公司名称）第____届董事会第____次会议决议于____年____月____日在（地点）召开，公司________（职务）________（姓名）主持会议。会议应到董事____人，实到董事____人。公司监事会成员和其他部分高级管理人员列席会议，符合《中华人民共和国公司法》和公司章程的有关规定。

与会董事经审议通过如下决议：

参加会议董事

董事名单	本人签名	董事名单	本人签名

董事会公章（或公司公章）：

日期：____年____月____日

【附件 16】

委托贷款申请书

【附件 16－1】

委托贷款申请书（委托人为对公客户）

中国________银行________分行（支行）：

现因业务发展需要，特向贵行申请办理委托贷款业务。我单位情况及申请内容见下表。

申请人名称：				机构信用代码证号：		
基本账户开户行：				账号：		
法定代表人：				联系电话：		
财务主管：				联系电话：		
传真：				邮政编码：		
	委托贷款	币种	金额	期限	利率	手续费率
1						
2						
3						
担保方式						
资金来源：						

注：本申请人在此声明委托资金为自有资金且来源合法合规，以上信息真实、正确、完整，并愿意应中国________银行授信审批的要求提供其他有关资料。

申请人：（公章）

法定代表人（或授权代理人）：

____年____月____日

【附件 16 - 2】

委托贷款申请书（借款人）

中国________银行________分行（支行）：

现因业务发展需要，特向贵行申请办理委托贷款业务。我单位情况及申请内容见下表。

<table>
<tr><td colspan="4">申请人名称：</td><td colspan="3">机构信用代码证号：</td></tr>
<tr><td colspan="4">基本账户开户行：</td><td colspan="3">账号：</td></tr>
<tr><td colspan="4">法定代表人：</td><td colspan="3">联系电话：</td></tr>
<tr><td colspan="4">财务主管：</td><td colspan="3">联系电话：</td></tr>
<tr><td colspan="4">传真：</td><td colspan="3">邮政编码：</td></tr>
<tr><td></td><td>委托贷款</td><td>币种</td><td>金额</td><td>期限</td><td>利率</td><td>手续费率</td></tr>
<tr><td>1</td><td></td><td></td><td></td><td></td><td></td><td></td></tr>
<tr><td>2</td><td></td><td></td><td></td><td></td><td></td><td></td></tr>
<tr><td>3</td><td></td><td></td><td></td><td></td><td></td><td></td></tr>
<tr><td>担保方式</td><td colspan="6"></td></tr>
<tr><td colspan="7">授信申请用途：</td></tr>
<tr><td colspan="7">还款来源及方式：</td></tr>
</table>

注：本申请人在此声明以上信息真实、正确、完整，并愿意应中国________银行授信审批的要求提供其他有关资料。

申请人：（公章）

法定代表人（或授权代理人）：

____年____月____日

【附件16－3】

委托贷款申请书（委托人为非对公客户）

中国________银行________分行（支行）：

现因业务发展需要，特向贵行申请办理委托贷款业务。基本情况及申请内容见下表。

<table>
<tr><td colspan="4">申请人名称：</td><td colspan="3">身份证号：</td></tr>
<tr><td colspan="4">账户开户行：</td><td colspan="3">账号：</td></tr>
<tr><td colspan="4">联系地址：</td><td colspan="3">联系电话：</td></tr>
<tr><td colspan="4">传真：</td><td colspan="3">邮政编码：</td></tr>
<tr><td colspan="4">配偶姓名：</td><td colspan="3">联系电话：</td></tr>
<tr><td></td><td>委托贷款</td><td>币种</td><td>金额</td><td>期限</td><td>利率</td><td>手续费率</td></tr>
<tr><td>1</td><td></td><td></td><td></td><td></td><td></td><td></td></tr>
<tr><td>2</td><td></td><td></td><td></td><td></td><td></td><td></td></tr>
<tr><td>3</td><td></td><td></td><td></td><td></td><td></td><td></td></tr>
<tr><td>担保方式</td><td colspan="6"></td></tr>
<tr><td colspan="7">其他需要说明的事项：</td></tr>
</table>

注：本申请人在此声明委托资金为自有资金且来源合法合规，以上信息真实、正确、完整，并愿意应中国________银行授信审批的要求提供其他有关资料。

申请人签字：

配偶签字：

____年____月____日

【附件16－4】

委托贷款承诺书

中国________银行________分（支）行：

本人自愿将个人合法拥有的资金金额人民币________万元通过贵行的委托贷款业务贷给本人指定的借款人________________公司，用于满足________________的需要，委托贷款期限________，委托贷款年利率________%，手续费率________%，手续费金额合计________元。

本人在此郑重承诺，该笔委托贷款的贷款损失风险由本人承担，贵行作为受托行不承担贷款损失的任何风险。

委托人配偶对该笔委托贷款业务无异议，并同意以委托人本人的名义签署委托贷款合同。

委托人签字：

委托人配偶签字：

____年____月____日

【附件17】

银行开立资信证明申请书

中国________银行开立资信证明申请书

____________________：

兹因____________________需要，本公司特向贵行申请出具资信证明一份，我公司希望资信证明能够提供________________日时点信息明细。

1. 开户情况；
2. 存款余额；
3. 授信额度：
4. 抵（质）押情况：
5. 其他：____________________。

本单位确认资信证明不具有银行担保作用，只作为本公司的正常商务用途使用。

在使用过程中产生的一切经济纠纷及法律责任一律由本单位负责。

特此申请

申请单位预留印鉴：

申请单位公章：

日期：____年____月____日

申请单位经办人签名：

身份证件名称及号码：

授权人： 复核人： 经办人：

【附件18】

银行资信证明样本

____________________：

本行证明____________________在银行办理有如下业务：

1. 存款情况

开立有存款账户，账户名称：__________，存款账号为：__________，币种：____________，金额：____________。

2. 授信额度

授信品种：__________，币种：__________，金额：__________。

3. 债务余额信息：________________。

4. 抵（质）押情况：________________。

5. 其他：________________。

上述描述仅为业务实际状况的客观描述，非代表本行观点，供参考。本证明函既非保证函，也非承诺函，不构成本行对本证明申请人的任何形式的担保或承诺。任何受文人对自身的投资或其他商业行为应持谨慎态度，任何受文人依以上描述所做的投资或其他商业行为与本行无关，并不得凭此证明向本行提出索偿。

本资信证明不得用于验资用途。

公　章：

日期：____年____月____日

【附件 19】

银企合作协议

甲方：中国________银行____________

乙方：________________公司

为支持乙方开发的________________楼盘项目的建设，在互惠互利的基础上建立双方长期的战略合作伙伴关系，实现银企双赢的目标，甲乙双方经友好协商，达成如下协议。

第一条　金融服务

1. 甲、乙方承诺在协议有效期内，将对方视为自己的重要合作伙伴。甲方在法律、法规和金融政策允许的前提下，以其强大的资金实力优先为乙方提供一揽子“房地产金融套餐”，积极支持乙方的经营发展。

2. 甲方将密切关心乙方的长远发展，充分利用自身的人才、信息等方面的优势，为乙方的业务发展、经营决策提供有关信息、政策和财务咨询服务，通报有关货币政策、信贷政策，宣传、解释有关的金融法规。

3. 甲方将为乙方及其关联公司在业务发展战略、投资活动和经营方针等方面提供专业建议，当好财务顾问。

第二条　对项目的金融支持

1. 甲方有意向向乙方提供住房开发贷款________万元，用于支持乙方上述项目的建设，甲方并将在风险可以控制的水平范围内保障乙方上述项目的融资需求。

2. 乙方愿遵守下列各条规定：

（1）遵守银行信贷、结算制度。

（2）按时向银行提供财务会计资料、工程建设合同及与项目有关的重要合同或协议类资料，并保证所提供的资料真实、有效、及时。

（3）按贷款申请用途使用贷款、专款专用，接受甲方的财务监督。

（4）在甲方开立结算账户，保证上述项目的回笼资金全部存入乙方开在甲方的银行账户内。

（5）项目开发中，应邀请甲方参加该项目的有关重要会议或活动，甲方对乙方不合理开支拥有否决权，乙方应尊重甲方对项目开发的建议。

第三条　按揭业务及相关业务

1. 甲方为乙方提供上述项目的商业组合贷款。乙方同意将所有按揭业务交甲方办理，甲方保证落实乙方商业贷款的资金来源。乙方在未还清甲方所有贷款本息以前，不去其他银行办理按揭贷款业务；同时甲方承诺以最快的速度向乙方提供按揭贷款服务。

2. 甲方将利用其整体优势，为乙方提供全方位金融服务，包括资信证明、项目可行性研究、财务监理、保函、信用证、代发工资、物业管理代理收费等金融品种，乙方优先委托甲方办理前述各类业务。

3. 乙方推荐____________________（项目施工企业/监理单位/售楼中介/其他有关单位）的结算账户开户到甲方，并将所有与项目有关的结算交甲方办理。

第四条　其他约定

1. 为有效执行本协议，甲乙双方主要代表应定期交流情况，保持联系、沟通信息，解决在执行本协议工程中所产生的问题。

2. 在执行过程中，如客观情况发生变化或需要对协议中有关条款进行修改补充时，双方本着平等互利的原则友好协商解决。

3. 其他事项：

本协议一式两份，双方各一份。

甲方（签章）：	乙方（签章）：
法定代表人或授权代理人：	法定代表人或授权代理人：
日期：	日期：

【附件20】

财务监管协议

甲方：
地址：
电话：
经办人：

乙方：中国________银行________分行________支行
地址：
电话：
经办人：

根据甲乙双方签订的第________号人民币借款合同的规定，为确保甲方开发项目（项目建设地点为________________，以下简称该项目）的顺利完成，保障该项目的贷款银行（乙方）的信贷资金的安全和购买此楼盘的小业主的权益，甲乙双方经协商同意由乙方为该项目的财务监管银行，在项目建设期内实施财务监管，甲方自愿接受乙方的监督和管理，有关具体的监管内容如下。

第一条　监管范围

本协议所称的财务监管是指对该项目所发生的建设费用及预售、租赁收入进行专项资金跟踪监督，即通过设立支出监管账户、收入监管账户，将该项目内的所有工程款、材料和设备款以及与该项目有关的费用支付、销售、租赁收入的资金回笼和贷款归还办法等均列入本监管协议的范围。

第二条　账户设置

一、甲方在乙方开立如下银行账户作为支出监管账户、收入监管账户，该类账户除预留甲方人员的印鉴外，还预留乙方授权的客户经理的印鉴。支出监管账户用于核算乙方注入的贷款资金，收入监管账户核算甲方投入该项目的自筹资金、项目的预（销）售、租赁收入及其他资金。

支出监管账户名称：________________

开户行：________________

账号：________________

收入监管账户名称：________________

开户行：________________

账号：________________

二、甲方在乙方开立如下账户作为结算账户，用于结算往来。结算账户不预留乙方授权人员的印鉴，但支付仍需符合该项目的建设用途。

结算账户名称：________________

开户行：________________

账号：________________

第三条　监管内容

根据甲乙双方签订的________号人民币借款合同的规定，贷款资金用于该项目的建设，该项目的销售、租赁收入应用于该项目的建设和归还乙方的贷款本息，乙方对该项目实施如下监管：

1. 乙方按照该项目进度计划，确定一次性或分次发放，多次支取的方式，将贷款资金根据工程实际进度情况划入甲方的支出监管账户。乙方授权的监管员按甲方提供的项目用款计划、工程进度计划、材料设备采购计划及经核实的工程实际完成情况，对项目用款进行逐笔审核。

2. 乙方对甲方下列收入进行监管，以保证项目回笼资金用于该项目的建设和归还乙方贷款本息：

（1）全部定金收入；

（2）全部预售/销售收入；

（3）全部租金收入；

（4）全部预售/销售合同、租赁合同、材料设备供应合同、工程承包合同、市政配套合同等所形成的相关权益，包括甲方根据上述合同从索偿、仲裁或判决中应收或已收的全部收入。

3. 甲方同意在开始预售该楼盘后，将每一单元的预售收入按照____%的比例用于归还甲方向乙方申请的项目贷款。

第四条　项目用款审核方式

项目建设期内发生的工程建设费用实行监管审核制。甲方定期（按季/按月）将本季/本月内需要对外支付的费用，向乙方提供有关的用款依据，经乙方监管员审核并签章认可后，将支出监管账户或收入监管账户的资金对外支付。

第五条　双方权利与义务

1. 乙方的权利与义务：

（1）根据项目的实际情况，对项目建设过程中资金的用途、支付时间和金额进行财务监管和协调，保证项目资金专款专用，推动项目顺利实施。

（2）定期检查该项目的结算账户及有关企业账户，发现甲方有违反规定将资金挪用到其他地方等行为，乙方有权立即停止对甲方的一切贷款的划付，并要求甲方提前还款。如甲方不还款，乙方有权处分抵押物或要求担保人承担保证责任。

（3）参加甲方通知的该项目有关会议，动态了解该项目的实施情况。

（4）随时了解该项目的预售/销售或租赁情况，预售/销售价格或租赁价格，检查销售资金的回笼情况。

（5）有权根据双方协商的还款比例要求甲方及时归还贷款。

2. 甲方的权利和义务：

（1）提供与该项目有关的资料（包括该项目权证、合同、预决算报告等）供乙方备案，并保证资料的真实性和时效性。

（2）定期（按月/按季）编制项目用款计划，交乙方核定。若在执行过程中确需超过该月/季已核定的额度，甲方应及时提出超额的原因及需追加的额度，经乙方核定后予以调整。

（3）根据乙方要求定期向乙方提供该项目对外支付明细情况，并随时接受乙方对该项目财务收支情况的检查与核对。

（4）有责任通知乙方参加与该项目建设有关的重要会议，包括涉及该项目的各项重大经济活动。

（5）每月向乙方提供预售/销售或租赁情况表，包括预售/销售合同或租赁合同编号、合同金额、预售/销售或租赁房屋的栋号和室号以及付款计划表和资金回笼情况。

（6）甲方在签订预售/销售、租赁合同及相关协议时，应在合同及协议中明确载明付款方应将资金划入甲方在乙方处开立的收入监管账户（账号为________________）。

（7）若甲方根据其与外界签订的合同支付了款项（如工程款、材料设备款、配套费等）而合同对方发生了违约事件，甲方应及时书面通知乙方。

（8）在该项目建设期进行财务监管期间，主动配合乙方的监管工作，为乙方监管人员提供工作的各种便利。

第六条　其他

该项目的财务监管期限，自开始发生贷款时起至贷款本息还清时止。其中该项目回笼资金的监管期限，自甲方取得预售许可证开始至贷款本息还清时止。

第七条　附则

本协议经甲乙双方法定代表人或授权代理人签字并加盖双方公章后生效，在执行过程中如发生变化，双方本着平等、互利互惠的原则友好协商解决。

本协议一式两份，甲乙双方各执一份。

甲方：（签章）	乙方：（签章）
法定代表人或	法定代表人或
授权代理人：	授权代理人：
日期：	日期：

第三篇

相关报告文本

【文本】

银行各类授信产品串用规则

一、一般风险贸易融资产品间串用

进出口结算类、国内信用证类、保理（仅限于融资期限在一年期以内）以及贸易项下的保函之间的额度可以相互串用。

授信审查审批过程中应遵照银行授信额度串用管理规定执行，对于规定要求核定专项额度的，不得突破，对于其他授信额度串用规则，原则上不得突破，确需突破的，授信审批时应充分考虑客户的授信业务需求、有关串用的合理性、风险是否可控等因素审慎确定授信产品串用要求，防止因授信额度串用加大授信风险。

授信启用后，经办机构申请变更授信批复、调整授信额度串用的，须按复议流程上报原终审机构重新审批。

4. 上述各产品授信额度间串用按照授信额度串用（信用证和保函授信按照授信敞口串用），各产品间串用比例均为1:1，同时不得超过批准的授信敞口。

5. 授信额度串用时，有关表外授信业务保证金收取要求：

（1）保证金比例按照审批批复执行。

（2）审批批复中并未明确规定的，原则上按照批复中其他表外授信额度的保证金比例执行；批复中不含表外授信额度的，由经办机构按照与该客户以往开展同类授信业务的保证金比例和客户具体情况收取。

（3）但涉及串用为贸易融资项下保函/信用证项下产品的，如审批批复中并未明确规定保证金的，根据客户实际需求办理。

三、授信额度跨经营单位使用

授信担保额度、保理买方信用担保额度和商业承兑汇票贴现额度（限于给予承兑人的）可根据产品/业务管理办法有关规定，并经客户主办机构同意，由银行其他经营单位使用。

四、循环使用授信额度的恢复规则

1. 循环授信全部或部分归还的，按归还金额恢复该产品额度。

2. 对于一般风险银行承兑汇票循环授信额度，补充部分保证金可以释放相应的授信额度（授信额度释放，仅限于补充保证金的情况，追加单位定期存单质押、国债质押等不得释放）；每张银行承兑汇票累计释放额度值最高不得超过该汇票票面金额。须追加保证金的计算公式如下：

须追加的保证金金额 = 需恢复的额度金额 ×（1 − 合同初始保证金比例）

3. 先贴后查银行承兑汇票贴现业务和银行承兑汇票先质押后查询业务查实确认后，纳入低风险业务管理范畴（审批权限不计入），可恢复一般风险授信额度。

4. 占用其他品种额度的，先恢复被占用产品的额度。

5. 占用不同币种产品额度的，恢复时按占用时的汇率折算。

6. 票据的转贴现、再贴现和卖断不恢复额度。

五、授信审批批复有效期

1. 授信审批批复有效期为3个月，自批复日起3个月内要与客户签订合同，生效金额以签订的合同金额为准（内部授信和允许签订多个合同的单笔单批授信业务不受生效金额以签订的合同金额为准的限制。但第一笔须在批复有效期内签订），否则，批复自动失效。

上述授信审批批复不含转授权使用批复和单一额度管理项下具体业务批复，此类批复的有效期按照相关规定执行。

债务融资工具的授信审批批复有效期可以超过上述规定，具体按照相应产品管理办法的规定执行。

2. 批复失效后，若要启用授信，则须重新审批，但对于在批复生效后的半年内的授信，由银行风险总监等受权人审批，重新启用授信。

对于授信审批批复有效期为6个月的，批复失效后，不能重新启用授信；若要叙做授信，须重新按照授信审查审批流程和授权权限审批。

审批机构在审批过程中，认为需有关产品管理部门、业务条线部门再次出具专业审查意见的，有关部门应重新出具。

批复失效后，按照上述规定重新启用授信额度的情况，只允许进行一次。

重新启用授信额度可以按照原授信方案审批，也可以减少授信金额、缩短授信期限、要求增加担保等；不能增加授信风险，例如，增加授信金额或授信风险敞口，延长授信期限，减少担保或变更担保等。

六、其他规定

关于授信担保额度和保理买方信用担保额度的规定

（1）授信担保额度和保理买方信用担保额度。两者纳入银行统一授信管理，计算相应的授信风险敞口，审批按一般风险授信业务流程和权限办理。

（2）授信担保额度和保理买方信用担保额度作为银行内部控管额度。授信担保额度和保理买方信用担保额度不纳入银行单一客户授信限额管理和集团客户授信限额管理。

上述集团客户授信限额包括按照银行集团客户管理办法核定的集团客户授信内部管控上限指标，也包括按照监管限额管理规定计算的授信限额。

【案例】

天津市×××有限公司案例

一、企业概况

1. 基本介绍。

天津市×××有限公司，成立于1999年，注册资本1000万元，具有进出口经营权。

申请人地处天津港保税区内，交通便利，地理位置优越，拥有优良的办公环境。伴随业务的不断拓展，该公司自身不断壮大，2001年注册资金增至1000万元（原注册资本500万元），并于2000年5月获得由国家工商行政管理局及国家发展计划委员会批准的小轿车经营权。

2. 主营业务及主要产品。

申请人主要经营范围包括汽车、小轿车、汽车配件、机械设备、食用农产品（水产品、生鲜猪肉、鸡肉、牛羊肉）批发兼零售，二手汽车的收购、销售（新车除外），商品信息咨询服务，自营和代理各类商品和技术的进出口等。

申请人主要销售奔驰、宝马、丰田、福特等各种规格名牌进口车及高级商务进口车。

3. 竞争优势及历史业绩。

申请人作为一家专业化的进出口代理企业，依托保税区区位优势，结合自身进出口贸易经验，大力开展进出口代理业务。其可为进口汽车经销商提供订货、仓储、开证、报关、报检业务。近三年来其经营规模保持快速增长。

申请人20××年主营业务收入56175万元，主营业务利润23183万元，2012年销售宝马汽车232辆、奔驰112辆、福特321辆、丰田酷路泽258辆等等，共1230辆，总计销售额537598812.1元。企业系保税区直接进口企业，具有一定的自主定价权，加之保税区政策优势，随着企业规模的扩大，企业的盈利能力良好，利润不断增长。该企业提供的纳税申报表及增值税发票与企业报表相符。

申请人主要股东均长期从事进口汽车贸易行业，经验丰富。2008年国际金融危机以来，面对不利局面，部分从事进口汽车的贸易公司纷纷陷入困境甚至濒临倒闭。作为保税区的老企业，天津市×××有限公司法人代表×××凭借多年的管理经验，及时调整经营品种和经营方式，发挥自身在进口车领域采购和销售网络的优势，和公司团队扩大整车代理批发业务。

4. 建设情况及未来规划。

申请人现有员工80人，本科以上学历人员占公司员工的82%，人员具有较高的业务素质。下设进口开证部、制单部、报关报检部、人事部、财务部、仓储物流部等部门。

随着业务发展和自身规模的壮大，企业计划继续招揽业界精英，不断拓展市场，完善业务流程，成为区域内行业的领军者。

5. 合作伙伴及上下游情况。

依靠自身优势，企业已与众多的国外知名汽车厂家的代理商、国外知名的汽车贸易公司及国内诸多进口车公司建立了长期稳定的战略合作伙伴关系。公司主要销售奔驰、宝马、丰田、福特等各种规格名牌进口车及高级商务进口车。公司与下游企业建立了良好的长期合作关系。

申请人为谋求更好发展，已与天津银行、平安银行、浦发银行、工商银行、浙商银行均开展未来货权项下信用证开立及押汇办理业务，并与A

公司和B公司建立了长期友好的合作关系。A公司为客户办理报关报检手续，并指派B公司物流库为指定仓库。客户的相关手续均由公司保管。业务大体流程如下：客户需按公司要求将车辆保证金汇入公司指定账户，由公司开证部门与开证银行签订不可撤销跟单信用证申请书，待收到银行报文后办理到单押汇。公司将箱单、提单等单据转交指定报关行进行报关报检手续。报关报检手续完毕后车辆进入指定仓库。公司将在押汇到期之日前告知客户将赎单款汇入公司账户，赎单完毕再填写放行指令，仓库接到放行指令方可与客户办理提车手续。

20××年销售收入56175万元，利润2318万元。

此方案主要内容：客户名称为申请人，质物名称为进口汽车，监管机构为天津××物流园有限公司，货押方式为未来货权质押，发货期90天之内，赎货期180天，质押模式为静态，仓库性质属其他，货权形式为动产、非标准仓单，授信品种为信用证、流动资金贷款，监管方式为输出监管，授信用途为购买进口汽车，价格依据为易车网、搜狐汽车网、太平洋汽车网，质押率80%，保证金率为开证20%。

此笔授信的基本流程：客户缴纳20%保证金，开立信用证，信用证条款提交全套海运提单并以开证行指示抬头或空白抬头背书开证行；到单后，银行办理押汇对外付款，押汇金额不超过到单金额的80%，期限不超过18天，银行在监管方出具仓单后将全套正本提单移交给监管方，委托监管方办理相关手续；到货后汽车进入指定保税仓库，银行指定报关公司办理货物商检报关手续，并将办理完毕的进口货物证明书及检验检疫证明正本留存银行；汽车完税后进入银行指定监管仓库，并由监管机构出仓单载明汽车的基本信息并办理现货质押，银行在收到客户偿还押汇款项后签署提货通知书用于办理提货，并将进口货物证明书及检验检疫证明正本交还客户。

本次授信申请监管方为天津××××有限公司。该公司成立于2005年，注册资本为2980万元，企业主要经营保税仓储、货运代理、贸易、货物运输代理服务等；该公司是一家国有企业，拥有海关库，信誉良好，有完善的管理制度和输出监管制度，运作机制规范，仓储量达2万吨以上；该公司与浙商银行、深圳发展银行、工商银行都有合作关系，其中与浙商银行合作有两年之久，企业监管货物均为汽车，监管货值分别为浙商银行40000万元，深圳发展银行12000万元，工商银行5000万元；该公司与多家企业合作，监管客户包括多家知名企业。

××××有限公司近几年发展迅速，规模非常大，是物流园区中仓储面积最大（51000平方米）、吞吐量最大、效益最好的公司，是龙头仓储公司。

二、授信批复

中国________银行________分行（全辖）审批批复

批复编号：

<table>
<tr><td colspan="2">申请人名称</td><td colspan="5">天津市×××有限公司</td></tr>
<tr><td colspan="2" rowspan="2">呈报行、部</td><td rowspan="2">天津××支行</td><td colspan="2" rowspan="2">借款人评级</td><td>客户经理</td><td>BBB +</td></tr>
<tr><td>审查员</td><td>BB +</td></tr>
<tr><td colspan="7">申请信息</td></tr>
<tr><td colspan="2">额度类型</td><td>公开授信额度</td><td colspan="2">授信方式</td><td colspan="2">综合授信额度</td></tr>
<tr><td colspan="2">授信额度（万元）</td><td>34000.00</td><td colspan="2">期限（月）</td><td colspan="2">12</td></tr>
<tr><td>授信品种</td><td>业务品种细项</td><td>币种</td><td>金额（万元）</td><td>保证金比例（%）</td><td>期限（月）</td><td>利/费率</td></tr>
<tr><td>（1）银关保</td><td></td><td>人民币</td><td>2000.00</td><td>0</td><td>12</td><td>按银行标准</td></tr>
<tr><td>（2）流动资金贷款</td><td></td><td>人民币</td><td>3000.00</td><td>0</td><td>12</td><td>按银行标准执行</td></tr>
<tr><td>（3）进口开证授信</td><td></td><td>人民币</td><td>21000.00</td><td>20</td><td>12</td><td>按银行标准执行</td></tr>
<tr><td>（4）一般授信担保</td><td></td><td>人民币</td><td>8000.00</td><td>0</td><td>12</td><td>按银行标准</td></tr>
<tr><td colspan="2">担保方式及内容</td><td colspan="3">质押物名称：信用证项下未来货权</td><td>授信敞口（万元）</td><td>29800.00</td></tr>
</table>

续表

<table>
<tr><td colspan="12">批复意见</td></tr>
<tr><td colspan="12">根据中国________银行天津分行审批工作制度，集体审议此项目。审批意见如下：</td></tr>
<tr><td colspan="12">同意并按照以下方式给予授信</td></tr>
<tr><td colspan="3">额度类型</td><td colspan="2">公开授信额度</td><td colspan="4">授信方式</td><td colspan="3">综合授信额度</td></tr>
<tr><td colspan="3">授信额度（万元）</td><td colspan="2">34000.00</td><td colspan="4">期限（月）</td><td colspan="3">12</td></tr>
<tr><td colspan="2">授信品种</td><td>币种</td><td>金额
（万元）</td><td>保证金
比例（%）</td><td colspan="2">期限
（月）</td><td colspan="2">利/费率</td><td>是否
循环</td><td colspan="2">串用说明</td></tr>
<tr><td colspan="2">（1）银关保</td><td>人民币</td><td>2000.00</td><td>0</td><td colspan="2">12</td><td colspan="2">按银行规定执行</td><td>是</td><td colspan="2">不可串用</td></tr>
<tr><td colspan="2">（2）流动资金贷款</td><td>人民币</td><td>3000.00</td><td>0</td><td colspan="2">12</td><td colspan="2">按银行规定执行</td><td>是</td><td colspan="2">仅可串用为银关保、进口信用证开证及进口信用证押汇额度</td></tr>
<tr><td colspan="2">（3）进口开证授信</td><td>人民币</td><td>21000.00</td><td>20</td><td colspan="2">12</td><td colspan="2">按银行规定执行</td><td>是</td><td colspan="2">仅可串用为进口信用证押汇</td></tr>
<tr><td colspan="2">（4）一般授信担保</td><td>人民币</td><td>8000.00</td><td>0</td><td colspan="2">12</td><td colspan="2">按银行规定执行</td><td>是</td><td colspan="2">不可串用</td></tr>
<tr><td colspan="3">业务品种细项</td><td colspan="3"></td><td colspan="6"></td></tr>
<tr><td>贷款性质</td><td colspan="2">新增</td><td colspan="3">本次授信敞口（万元）</td><td colspan="2">29800.00</td><td colspan="3">授信总敞口（万元）</td><td>29800.00</td></tr>
<tr><td>担保方式及内容</td><td colspan="11">1. 所购货物入库后，以申请人自有的由天津××××有限公司监管的进口汽车提供质押，质押率不超过80%。
2. 一般授信担保额度和银关保额度的担保方式为信用。
3. 追加法定代表人×××，个人全额连带责任保证担保</td></tr>
<tr><td>授信前需落实条件</td><td colspan="11">1. 本笔授信含现有余额，授信启用前须提供申请人、担保人有权机构出具的同意向银行申请该笔授信的相关资料，确保银行债权合法有效。
2. 提供自然人保证人及配偶本人有效证件及同意担保的书面资料，包括自然人贷款卡、配偶出具的同意担保的书面声明或个人单身声明。
3. 本笔授信中进口开证额度仅限于采购进口汽车，进口开证授信项下开证及押汇期限合计不超过6个月。
4. 流动资金贷款仅可用于缴纳进口汽车的关税、增值税、消费税，融资比例不得超过税款总额的70%，单笔业务期限不得超过90天</td></tr>
</table>

续表

<table>
<tr><td>其他授信要求</td><td>1. 进口汽车转现货质押后，允许以申请人拥有的银行存单置换进口汽车现货质押。
2. 一般授信担保额度用于为申请人的下游客户办理助业贷款提供授信担保，该助业贷款专项用于缴纳下游客户在申请人处代理采购汽车产生的相关费用。下游客户单户额度使用前，申请人需存入不低于该户助业贷款额度 10% 的保证金</td></tr>
<tr><td>备注</td><td>保证金可以单位定期存单形式存入</td></tr>
<tr><td colspan="2">审批机构：中国________银行（全辖）
日期：________年____月____日</td></tr>
</table>

该笔货押业务总授信额度为 34000 万元，总敞口为 29800 万元，其中开立信用证额度为 21000 万元，保证金比例为 20%，可全额串用进口开证押汇；流动资金贷款用于缴纳进口汽车三税。担保方式：混合，包括信用和未来货权质押，待进口汽车完税后进行现货质押，静态监管。

进口汽车按规定质押率为 80%。进口汽车货押实行静态管理。货押标的物为进口汽车，由申请人提供进口汽车的完税单据、商品进口证书和商品检验合格证。

还款来源为其进口汽车销售收入。

综上所述，申请人销售状况良好，没有受到金融危机及税收政策变化的影响且在保税区具有销售优势，有一定的自主定价权。申请人经营稳健，销售收入足以覆盖风险敞口，并有进口汽车做质押。进口汽车质押率为 80%，价值稳定易于变现，其价格可以覆盖风险敞口，风险基本可控，但仍需密切与监管方合作，对入库汽车加强监管，紧盯市场进口汽车的价格变化，在质押率升幅超过 5% 时及时补足保证金。银行应定期走访企业，关注企业销售情况以及高层管理人员变动情况，做好风险防范，以保证银行贷款资金的安全。

【附件1】

授信产品分类表

产品名称	说明
1. 低风险产品	
1.1　全额银行存单质押授信	外币存单质押须符合外汇管理规定
1.2　全额保证金表外授信	
1.3　银行承兑汇票贴现（不包括先贴后查）	承兑银行须在银行的同业授信名录内，且贴现余额在同业授信额度内
1.4　全额银行本票、银行承兑汇票质押授信	银行承兑汇票符合要求
1.5　全额以银行为受益人的备用信用证担保授信	备用信用证条款需要经过总行认可
1.6　银行保证授信	提供保证的银行须在银行的同业授信名录内，且在同业授信额度内 涉及外资银行担保的保函/担保合同的需要经过总行贸易金融部等部门认可 评级（指银行内部评级）在A级（含）以下的主动授信银行，以及被动授信银行的担保额度采取领用制
1.7　准全额保证金的表外授信	限同币种业务
2. 一般产品	
2.1　流动资金贷款	包括买方押汇等
2.1.1　短期流动资金贷款以及流动资金贷款额度（含中期流动资金贷款额度）	
2.1.2　法人账户透支	
2.1.3　信用证项下打包贷款	
2.2　开立银行承兑汇票	
2.3　商业承兑汇票贴现/包买	
2.4　银行承兑汇票先贴后查/先质押后查询，非标准银行承兑汇票直贴	
2.4.1　先贴后查的银行承兑汇票贴现	

续表

产品名称	说明
2.4.2　银行承兑汇票先质押后查询	出质银行承兑汇票限于授信申请人为持票人，不接受第三方持有的银行承兑汇票出质
2.4.3　非标准银行承兑汇票直贴	占用贴现申请人的授信额度
2.5　授信担保额度	
2.5.1　连带责任保证担保额度	
2.5.2　房屋按揭贷款阶段性担保额度	
2.5.3　保兑仓回购担保额度	
2.5.4　其他回购担保额度	
2.6.1　保理类	
2.6.1.1　国内有追索权保理	
2.6.1.2　国内无追索权保理	
2.6.1.3　保理买方信用担保额度	
2.6.2　非融资类保函	
2.6.3　国内信用证及其项下融资产品	
2.7　债券额度（含短期融资券、中期票据等）	
2.7.1　债券包销额度	
2.7.2　债券投资额度	
2.7.3　其他债券额度	
2.8　贷款承诺	
2.8.1　意向性贷款承诺函	
2.8.2　贷款承诺函	
2.8.3　信贷证明	
2.9　其他一般产品	
3. 特定产品	
3.1　中期流动资金贷款	指单笔单批的中期流动资金贷款
3.2　固定资产贷款	包括基本建设项目和技术改造项目
3.2.1　基本建设项目固定资产贷款	
3.2.2　技术改造项目固定资产贷款	

续表

产品名称	说明
3.3　项目融资	符合项目融资定义的房地产贷款，银行内部仍分类为房地产贷款类，但对外统计上报时此类贷款按照要求归入项目融资
3.4　房地产贷款	包括符合项目融资定义的房地产贷款
3.4.1　房地产开发贷款	
3.4.1.1　住房开发贷款	
3.4.1.2　商业用房开发贷款	
3.4.2　土地储备贷款	
3.4.3　法人客户商业用房贷款	范围为法人客户商业用房按揭贷款、经营性物业抵押贷款以外的贷款
3.5　经营性物业抵押贷款	
3.5.1　房地产企业经营性物业抵押贷款	
3.5.2　非房地产企业经营性物业抵押贷款	
3.6　园区开发区建设贷款	
3.7　法人客户按揭贷款	
3.7.1　法人客户汽车按揭贷款	
3.7.2　法人客户商业用房按揭贷款	
3.7.3　法人客户其他按揭贷款	
3.8　融资类保函	
3.9　并购贷款	
3.10　信用保护标的实体专项授信额度	
3.11　其他特定产品	

【附件2】

综合授信额度项下产品串用规则
（串用规则以正文表述为准）

授信产品	可串用为产品
一、流动资金贷款	详见以下具体产品规定
1. 短期流动资金贷款以及流动资金贷款额度（含中期流动资金贷款额度）	信用证项下打包贷款
	开立银行承兑汇票
	商业承兑汇票贴现/包买
	授信担保额度（限于信用贷款额度串用为汽车担保额度、保兑仓回购担保额度）
	贸易融资产品额度
	信贷证明
	与进出口业务相关的、期限不超过一年的远期结售汇
	给予银行重点客户的流动资金贷款循环授信额度，可以串用为除法人透支业务和债券额度外的一般产品授信额度（如串用为授信担保额度，需为信用贷款额度）
（1）法人账户透支	经审批机构批准，可与开立银行承兑汇票互相串用
（2）信用证项下打包贷款	贸易融资产品额度
（3）搭桥贷款（用于流动资金贷款）	无
2. 开立银行承兑汇票	在按照银行流动资金贷款管理办法进行评估、测算和审批的基础上，可串用为短期流动资金贷款；经审批机构批准，可串用为法人账户透支
	商业承兑汇票贴现/包买
	银行承兑汇票先贴后查/先质押后查询，非标准银行承兑汇票直贴
	贸易融资产品额度
	与进出口业务相关的、期限不超过一年的远期结售汇

续表

授信产品	可串用为产品
3. 商业承兑汇票贴现/包买	在按照银行流动资金贷款管理办法进行评估、测算和审批的基础上，可串用为第2.1.1短期流动资金贷款
	开立银行承兑汇票
	银行承兑汇票先贴后查/先质押后查询，非标准银行承兑汇票直贴
	贸易融资产品额度
	与进出口业务相关的、期限不超过一年的远期结售汇
4. 授信担保额度	无
（1）连带责任保证担保额度	无
（2）房屋按揭贷款阶段性担保额度	无
（3）汽车回购担保额度	无
（4）工程机械按揭回购担保额度	无
个人工程机械按揭回购担保额度	无
法人工程机械按揭回购担保额度	无
保兑仓回购担保额度	无
其他回购担保额度	无
5. 贸易融资类产品	与进出口业务相关的、期限不超过一年的远期结售汇
（1）进出口结算类	保理（限于融资期限在一年期以内）
	非融资类保函（限于贸易项下保函）
	国内信用证及其项下融资产品
	进出口结算类不同产品之间可串用，但汇出汇款押汇、汇入汇款押汇需核定专项额度
开立信用证	
进口信用证押汇	
进口代收押汇	
汇出汇款押汇	
不合格出口押汇	
出口托收押汇	
不合格出口信用证贴现	

续表

授信产品	可串用为产品
汇入汇款押汇	
（2）保理类	经审批机构批准，保理额度可串用为银行承兑汇票额度
	进出口结算类（限于融资期限在一年期以内保理）
	非融资类保函（限于贸易项下保函，并限于融资期限在一年期以内保理）
	国内信用证及其项下融资产品（限于融资期限在一年期以内保理）
国内有追索权保理	国内无追索权保理
国内无追索权保理	无
（3）非融资类保函	银行标准格式信贷证明和经总行审批认可的不承担实质性贷款责任的非标准格式信贷证明
	进出口结算类（限于贸易项下保函）
	保理（限于融资期限在一年期以内，且限于贸易项下保函）
	国内信用证及其项下融资产品（限于贸易项下保函）
	非融资类保函不同产品之间可串用
（4）国内信用证及其项下融资产品	进出口结算类
	保理（限于融资期限在一年期以内）
	非融资类保函（限于贸易项下保函）
6. 贷款承诺	无
（1）意向性贷款承诺函	无
（2）贷款承诺函	无
（3）信贷证明	无
7. 其他一般产品	无

常见信贷风险

1. 超贷。借款人通过提供各类抵押物进行大规模融资，远远超过自身的还款能力。银行也因企业提供抵押物而一味地追加融资。

2. 挪用信贷资金。借款人编造资金用途，而真实用途是资本运作等，使银行信贷资金陷入高风险境地。

3. 恶意诈骗。借款人不敢轻易向小贷公司、担保公司借款，而向银行借款，认为银行不会暴力催收，因此进行逆向选择。

4. 忽视企业资金用途掌控。

5. 重担保抵押，轻借款人。银行认为借款人提供足值抵押物、担保物就万无一失，而忽视对借款人经营能力评估。

5. 没有控制借款人现金流。借款人在中小银行贷款，在大银行结算，会使大额贷款一上账就被转出，从而失去控制。

7. 盲目相信央企。有的银行认为，只要是央企项目、央企的子公司，都可以提供大额信贷，而忽视对借款人分析。国有大银行可以抵御央企、国企的违约后的重整、流动性风险，而中小银行面对大额违约风险基本没有处置后手。

8. 重贷前，轻贷后。贷后管理走过场，走马观花，蜻蜓点水。客户会从管理人员对贷后管理的态度分析、试探违约的成本，在多家金融机构中选择性违约，导致贷后管理松散的银行陷入泥潭。

9. 被存款蒙蔽。银行惦记客户的保证金存款，客户惦记银行的本金。客户知道银行考核软肋，办理大额敞口银行承兑汇票，缴存50%的保证金，借此吊足银行胃口，吸引银行批准大额敞口银行承兑汇票。

10. 很多大型民营企业在各家银行取得过多的敞口额度，在与中小银行打交道时，故意显示在大银行的授信额度。其实，很多授信额度都是限制性的，有着严格的用信条件，企业很难达到要求。

11. 对上市公司迷信，迷信上市公司的光环，认为上市公司属于公众公司，怕公告，怕出丑，不敢违约。

12. 企业有两张报表很正常，一张给工商税务避税，给银行的是为了融资，肯定是真的。客户经理这么认为，信贷审批人员也这么认为。其实，企业能欺骗工商税务，就能欺骗银行。

供应链融资授信贷前调查百问
（核心客户＋上下游企业整体授信）

一、客户所处行业

1. 企业按照约定使用信贷资金了吗？

2. 企业的远期发展前景是否看好，银行应当追加信贷投入，还是减少信贷，甚至退出？

> 一些行业，如文化行业、网络游戏行业等，行业景气度较好，其信贷项目被批准的可能性较大。而小型钢铁、小型水泥等公司行业属于严重过剩的行业，这类信贷项目风险极大，被批准的可能性较小。

3. 企业给银行的回报足够高吗？在银行的存款是否与贷款金额匹配？

4. 企业的上下游企业都开发了吗，开发的效果如何？

> 大部分客户经理都仅注意对目标企业的开发，而忽视借助目标企业开发上下游企业。

5. 客户的信贷资金在银行形成体内循环了吗，上游是否已经在银行开户？

6. 企业可以提供追加股权融资，或夹层融资吗？

7. 该企业是否在银行系统内有违约记录？

二、客户的股东和上下游产业链分析

1. 银行对企业是否已经超贷，还是信贷金额正好满足企业的需要？

2. 借款企业的担保物价值是否有下降的趋势？

3. 借款企业有负面消息吗？

4. 借款企业在其他银行是否有大额的借款？

5. 核心企业远期的销售规划是什么，年度销售增长率指标是多少？

6. 核心企业是否为上市公司，或准上市公司？银行如何帮助企业尽快上市？

7. 核心企业在整体银行的授信总量如何，本次的授信占比会是多少？

8. 核心企业的采购和销售是通过分/子公司进行，还是自己独力执行？这些分/子公司的注册资本和架构如何，是否可以单独承接授信？

9. 企业的关联企业与企业采购合同和购销合同的价格、数量、结算是否真实？是否符合市场行情？

三、生产经营

1. 核心企业的主营业务是什么？

2. 产品或服务的特点是什么，竞争力是什么？（差异优势、技术优势、成本优势、关系优势）

3. 是否有替代品将影响核心企业经营？

4. 核心企业产品是供大于求，还是供不应求？

5. 核心企业的主要市场在哪些区域？

6. 原材料价格波动趋势和供给情况如何，对公司产品销售的影响是什么？

7. 原材料质量、保存有什么特殊要求？

8. 企业生产是否符合环保要求（环保批文）？

9. 企业与同业比较生产技术是否落后？是否具有自主知识产权？

10. 企业产品的销售渠道是什么？

11. 核心企业是否有销售团队？销售手段是什么？

12. 核心企业的产品的现有销售政策是什么？是否赊销？是否有现金折扣？

四、财务

1. 企业近 3 年的销售收入是多少？是增长、下降还是波动？原因是什么？

2. 企业近 3 年的利润总额和销售利润率是多少？是增长、下降还是波动？原因是什么？

3. 企业近 3 年的资产、负债、所有者权益是多少？资产负债率是否符合行业特征？

4. 企业近 3 年的经营性现金净流量是多少？现金净流量与利润总额之间的差额是多少？现金净流量小于利润总额的原因是什么？

5. 企业流动资产和流动负债是多少？流动负债与流动资产的差额是多少？流动负债过高是否有短贷长用的现象？

6. 企业货币资金中保证金存款和已冻结的定期存单存款有多少？货币资金与抽查的现金日记账、银行日记账、银行对账单是否相符？

7. 企业是否有应收账款明细？一年以上账龄的应收账款有多少？应收账款坏账有多少？是否按财务制度规定计提准备？

8. 企业应收账款客户集中还是单一？单一客户是否可能违约或取消合作？

9. 企业应收账款周转速度是否符合同业标准？

10. 企业应收账款增长额是多少？应收账款增长额与销售收入增长额有怎样的关系，与利润总额又有怎样的关系？

11. 企业是否有存货明细？存货结构是什么？

12. 企业一年以上产成品、半成品有多少？

13. 企业原材料的采购成本与市场价格之间的差额是多少？是否计提存货跌价损失？

14. 企业存货周转速度是否符合同业标准？

15. 企业存货增长额是多少？存货增长额与销售收入增长额之间的关系如何，与固定资产增长额之间的关系如何，与利润总额之间的关系又如何呢？

16. 存货的结转方法是什么？对当期成本和利润的影响是什么？

17. 存货存放在场内还是场外？存货是否已在他行或第三人质押？

18. 企业是否有预付账款明细？采购价格与市场价格比较，是否符合采购合同约定？

19. 企业其他应收账款明细度如何？其他应收账款在同业中占比是否过高？有无与实收资本金额相近的大额其他应收账款？有无注册资本抽逃现象？有无大额资产转移现象？

20. 企业固定资产明细度如何？产权是否明晰？

21. 固定资产入账依据是什么？固定资产账面价值与实际购买价值是否相符？固定资产评估入账的依据是否充分？评估价值是否过高？

22. 固定资产是否已在他行或第三人处抵押？

23. 固定资产折旧方法是否符合财务制度规定？对当期的利润影响是什么？

24. 设备是否为专业设备？是否已被淘汰？变现能力如何？

25. 在建工程的总投资多少，已投资多少，竣工验收还需投资多少？在建工程投入使用对未来销售收入、利润、融资需求有何影响？在建工程是否已抵押？

26. 土地性质是什么？是否已缴纳全额土地出让金？是否先征后返？地方是否有禁止转让或补交土地出让金后转让的要求？土地是否已抵押？

27. 固定资产是否已出租？出租合同的期限和付款方式是什么？出租价格是否合理？承租人是否同意租赁人违约时解除租赁合同或将租金缴纳给银行？

28. 企业是否有短期借款、长期借款、应付票据明细？各银行授信金额多少？授信余额多少？什么时候到期？利率水平是多少？是否逾期？属五级分类中的哪一种？担保方式是什么？是否有短贷长用现象？

29. 应付账款明细如何？应付账款期限是多少？一年以上应付账款有多少？是否已违约？是否有纠纷？

30. 应付账款增长额是多少？是否高于往年增长额？是否高于平时增长额？是否有调整经营性现金净流量的嫌疑？

31. 预收账款明细如何？预收账款金额与合同约定生产进度是否相符？是否已开出预收账款保函？

32. 企业营业税、进项增值税、销项增值税是多少，是否与税单相符？

其与报表销售收入是否匹配？

33. 企业是否享受各种税费减免政策？是否享受各种补贴？

34. 企业实收资本多少？注资方式是什么？是否抽逃？

35. 企业资本公积计账是否合理？固定资产评估增值是否符合市场价格？

36. 企业经营性现金流入量占销售收入比是多少？

37. 销售成本占比是否异常？是否存在少结转成本增加利润现象？

38. 投资收益率是否符合同业水平？投资收益中获得现金的比率是否正常？长期投资是否存在不良资产？

五、用途、期限和还款来源

1. 核心企业供应链融资方案的立足点在哪里，是帮助核心企业扩大销售，还是降低采购成本？

2. 针对核心企业的供应链融资方案期限应当是多长？

3. 针对核心企业的供应链融资金额多少为宜？融资方案是否充分考虑了核心企业的销售目标，应当分配给上游供应商多少，分配给下游经销商多少？

4. 企业自有资金有多少？占资金需求比例是多少？资金是否已到位？

5. 企业贷款的还款来源是什么？测算还款来源时是否扣除铺底流动资金？

6. 企业何时还款？（流动资金贷款应测算企业的经营周期，项目贷款应测算企业的每年净现金流量。）

六、风险控制手段

1. 如何控制核心企业信贷资金流出和销售资金回笼？

2. 如何监管核心企业生产或项目进度？

3. 核心企业授信的担保方式是什么？

4. 抵押物评估价值是否偏高？抵押物是否有瑕疵？抵押率是否在50%以下？

5. 保证人还款能力如何？

6. 企业提供的质押物（例如仓单、提货单）如何监管？

7. 集团企业是否愿意对供应商和经销商的用信提供担保，或者提供隐性担保？

七、授信方案及收益测算

1. 供应链融资授信方案该如何设计？

2. 如何将供应商和经销商纳入整体授信方案，如何控制供应商和经销商的风险？

3. 关联企业和上下游企业是否在本行开户？上游企业是否办理保理？下游企业可否办理保兑仓业务？

4. 授信额度是否可以采取切分给供应商和经销商使用？

5. 核心企业是否可以使用商业承兑汇票、国内信用证、1＋N保理融资、保兑仓等供应链融资产品？是否可以引导企业使用这些产品？

6. 供应商和经销商占用核心企业的授信的方式是什么？可以缴存的保证金比例是多少？

7. 企业员工是否办理了信用卡？是否有中间业务收入？法定代表人是否办理了贵宾卡？企业是否由本行代发工资？

8. 关联企业是否办理现金管理业务或网银？

9. 核心企业与上下游交易中是否有大量票据，银行是否可以为其办理票据池业务？

10. 核心企业授信余额是否超过本行单一客户集中度要求？

11. 核心企业信用等级是否在AA级以上？

12. 整体授信方案占用的信贷规模与整个产业链带来的存款回报是否达到1:1？

13. 授信产品种类和行业收取的资本占用费率是否最低？

八、企业的社会信誉

1. 银行是否到工商局查询企业年检状况、公司章程和股东变更记录？

2. 企业是否有被各级政府部门查处的记录？
3. 银行是否通过人行系统查询企业的信贷记录状况？
4. 银行是否到其他融资银行了解过企业的信誉状况？

九、法律要件

1. 是否需要制订个性化的三方合作协议，协议文本该如何制作？
2. 是否有董事会决议？
3. 借款合同、担保合同是否当面签章？
4. 额度切分授权书是否经过法律部门许可？

立金培训中心名言

1. 授信方案设计的关键

授信方案设计关键是资金流与生产经营环节对接，担保方式控制住对方行为。如此，则授信方案基本可行。

2. 究竟该怎样控制授信风险?

我们必须非常清楚企业的商业模式，这是控制风险的前提。资源的运作方式和人员的组织运行体系构成了企业的商业模式。

贷款对企业而言属于杠杆，银行必须仔细甄别企业的商业模式，判断企业是否有足够的能力撬动这种商业模式。

3. 为什么在企业授信担保之外还要制定部分担保措施，以更好地控制风险?

做信贷需要主担保加辅助担保。主担保是核心担保手段，辅助担保属于额外的风险缓释安排，弥补主担保不足。例如，动产质押为主担保，银行额外要求提供第三方保购承诺，这就是针对主担保本身的缺陷而采取的救济措施。借款人一旦违约，银行必须立即处置质押的动产，由于有第三方保购，银行可以很容易处理。

4. 要按照信贷标准去寻找目标客户。

要按照信贷审批人员的标准在自己的能力范围内选择客户。选择信贷客户就是一个相互妥协的过程，是公司业务部门和信贷风险审批部门的彼此妥协。公司业务部门希望适度降低要求，这样满足标准的客户会更多；信贷审批部门希望提高标准，这样可以更有效地控制风险，但能够达到审批标准的客户数量会有一定程度下降。因此双方要有一定程度的彼此妥协。

5. 什么是信贷风险?

信贷风险就是违约的概率。风险大，就是违约概率大。风险小，就是违约概率小。做信贷项目，总是存在违约的可能性，不可能完全避免，但是却可以通过精确的计算，得出可能的损失率。

6. 如何能够真正控制信贷风险?

牢牢控制信贷资金用途，强制性让企业按照承诺的方式使用信贷资金。一旦企业挪用了信贷资金，那么银行对客户的风险控制的假设都会成为泡影。

7. 如何防止借款人挪用信贷资金？

银行要做好两个测算，首先测算企业的偿债能力，其次，测算企业经营需要的融资总量。银行提供融资不能超过企业的偿债能力，不能超过企业经营需要的融资总量。超过企业的偿债能力，企业可能会违约，超过企业经营需要的融资总量，企业可能会挪用信贷资金，这两种行为，风险都极大。

8. 怎样成为一名优秀的客户经理？

好的银行客户经理，一定要能融入所服务的企业，了解自己的客户，帮助自己的客户做生意。因为了解企业而可以控制风险，而不是因为抵押和担保而控制风险。